U0575839

# 城市轨道交通列车开行方案优化及客货协同方案设计

朱宇婷 著

中国财富出版社有限公司

**图书在版编目（CIP）数据**

城市轨道交通列车开行方案优化及客货协同方案设计／朱宇婷著 . --北京：中国财富出版社有限公司，2025.6. --ISBN 978-7-5047-8434-6

Ⅰ. U284.48

中国国家版本馆 CIP 数据核字第 2025PP6330 号

| | | | | | |
|---|---|---|---|---|---|
| **策划编辑** 郑欣怡 | | **责任编辑** 贾浩然 于名珏 | | **版权编辑** 武 玥 | |
| **责任印制** 苟 宁 | | **责任校对** 杨小静 | | **责任发行** 敬 东 | |

**出版发行** 中国财富出版社有限公司

| | | |
|---|---|---|
| **社　　址** | 北京市丰台区南四环西路 188 号 5 区 20 楼 | **邮政编码**　100070 |
| **电　　话** | 010 - 52227588 转 2098（发行部） | 010 - 52227588 转 321（总编室） |
| | 010 - 52227566（24 小时读者服务） | 010 - 52227588 转 305（质检部） |
| **网　　址** | http://www.cfpress.com.cn | **排　　版** 宝蕾元 |
| **经　　销** | 新华书店 | **印　　刷** 北京九州迅驰传媒文化有限公司 |
| **书　　号** | ISBN 978-7-5047-8434-6/U·0126 | |
| **开　　本** | 710mm×1000mm　1/16 | **版　　次** 2025 年 6 月第 1 版 |
| **印　　张** | 9.75 | **印　　次** 2025 年 6 月第 1 次印刷 |
| **字　　数** | 154 千字 | **定　　价** 58.00 元 |

# 序

过去几十年来，我国城市化发展与经济的持续增长改变了城市交通模式，从需求与供给两方面有力支撑了我国城市轨道交通的快速发展。50多个城市开通运营里程1万多公里的轨道交通线路，极大提高了城市居民的出行效率。作为兼具显著公益性的城市基础设施，城市轨道交通虽具备运能强劲、排放较低的突出优势，但运营成本居高不下的客观现状，也给城市财政带来了不小的压力。随着城市轨道交通网络规模持续拓展，诸多城市的轨道交通网络已从中心城区渐次延伸至城市郊区，不同线路乃至同一线路不同区段的客流在时空维度上的差异性愈发明显。研究既能满足运输服务水平要求，又能降低运营企业成本、提高经营效率、减轻政府补贴压力的运输组织方案对城市轨道交通系统来说具有重要现实意义。

朱宇婷博士所著的《城市轨道交通列车开行方案优化及客货协同方案设计》正是针对上述问题展开的一系列有益探索。她经过多年的研究，从乘客服务水平与运营企业效率两个角度深入研究了城市轨道交通列车开行方案优化问题。研究过程中，她广泛查阅国内外相关研究成果，实地调研城市轨道交通运营企业的运营管理经验，这些工作极大丰富了该书的学术内涵。

该书内容的创新性主要体现在以下几点。

（1）作者从城市的发展、乘客出行需求、行车条件和运力资源配置四个方面系统梳理了城市轨道交通列车开行方案编制的关键要素，构建出了城市轨道交通列车开行方案的编制框架。

（2）作者建立了以乘客与运营企业综合费用最小为目标，充分考虑站台容量、列车容量、发车间隔等约束条件的城市轨道交通列车开行方案优化模型，并以单条城市轨道交通线路和整个路网为对象进行了案例研究，展示了平衡乘客利益及运营企业利益的方法。

（3）作者根据城市轨道交通网络化运营的特点，研究了兼顾运营费用、乘客出行费用以及运营补贴等约束条件的城市轨道交通列车时刻表优化方法。

（4）作者还根据部分城市轨道交通线路运力富裕的现实，展望性地探讨了未来客货混运的城市轨道交通系统的运营管理问题。

从本书的内容可以看出，朱宇婷博士在最优化理论、图与网络理论、计算机仿真等学科理论及方法体系中，构筑有系统且扎实的专业根基。此外，朱宇婷博士在数学建模、求解算法设计及案例分析等方面展开的工作，体现了理论研究与运营实践的良好结合。我相信，本书的出版对城市轨道交通领域的研究和实践将产生积极影响。本书既可为相关领域学者提供新的研究视角和方法，也可为城市轨道交通运营企业优化列车开行方案、提高运输效率和服务质量提供理论支撑。为此，我特别将本书推荐给交通运输以及物流管理等相关专业的学者与工程技术人员。本书对于推动我国城市轨道交通事业向多元化、高效化、智能化方向发展来说将发挥重要作用。

最后，我衷心祝愿朱宇婷博士在未来的学术研究中不断进取、勇创佳绩！我期望本书能够得到广大读者的认可和喜爱，能够为我国城市轨道交通事业的繁荣与发展贡献力量。

毛保华

北京交通大学中国综合交通研究中心执行主任、教授、博士

首都高端智库北京综合交通发展研究院副院长

# 前　言

随着城市化进程的快速推进及人口的急剧膨胀，城市交通拥堵问题日益严重。城市轨道交通以其大运量、高效率、低能耗、高环保的独特优势，成为各大城市解决城市交通拥堵问题的首选方案。近年来，在各地政府的大力支持下，我国城市轨道交通建设已取得显著成果，但服务水平仍需进一步提升。

为提升城市轨道交通服务水平，本书总结了影响城市轨道交通列车开行方案编制的各项因素，给出了城市轨道交通列车开行方案的编制框架；并分别以城市轨道交通单条运营线路及整个路网为研究对象，以行车条件、运力资源配置、城市的发展等为约束条件，提出了考虑乘客出行效率的城市轨道交通列车开行方案优化方法；最后，围绕城市轨道交通客货协同方案设计及优化进行了研究展望。本书的主要研究内容及结论如下。

（1）结合既有研究成果，从城市的发展、乘客出行需求、行车条件和运力资源配置四个方面出发，系统性分析了影响城市轨道交通列车开行方案编制的各项因素，并以此为基础，构建出了城市轨道交通列车开行方案的编制框架。

（2）以单条城市轨道交通线路为研究对象，在分析城市轨道交通客流时变特性的基础上，以始发站列车发车时刻为变量，以站台容量、列车容量、发车间隔、首末班车发车时刻、备用车底数等为约束条件，以乘客与运营企业综合费用最小为优化目标，构建了城市轨道交通列车时刻表优化模型。根据模型特点，设计了基于仿真的两阶段遗传算法。在仿真过程中，将站台容量及列车容量设定为强约束条件，并假定所有乘客遵循"先到先服务"的原则进站及乘车，其具体出行过程可以描述为"到站—排队进站—到达车站站台—排队候车—上车—下车—出站"。算例结果显示，当优化时间间隔 $\delta = 5s$、$10s$ 和 $30s$ 时，优化模型得到的系统综合费用相较于均衡开行方案分别降低了 $10.03\%$、$9.60\%$ 和 $8.04\%$。

（3）以高峰期单条城市轨道交通线路为研究对象，给出了高峰期乘客出行总费用的计算方法，并在分析列车开行方案对乘客出发时间选择行为影响的基础上，以列车在始发站的发车时间为决策变量，提出了城市轨道交通列车时刻表双层规划模型及求解算法。算例结果表明，该优化模型能够较好描述乘客出发时间选择行为与列车开行方案之间的关系，并能够有效平衡乘客及运营单位之间的利益。

（4）以非连通型城市轨道交通网络为研究对象，根据城市轨道交通网络周期性运行的特点，给出了一个计算周期内城市轨道交通网络运营费用及乘客出行费用的计算方法。在此基础上，以各运营线路发车间隔及发车时间相位差为决策变量，以乘客及运营企业综合费用最小为优化目标，以列车发车间隔、列车容量、站台容量、运营补贴等为约束，建立了城市轨道交通网络化列车开行方案优化模型。根据模型特点，提出了一种基于模拟仿真的遗传算法，对模型进行求解。算例结果显示，与既有优化模型相比，本书提出的优化模型具有较强的优越性，且各项服务指标（如站台最高容客率、列车最大载客率等）均在安全范围之内。

（5）针对客货混运的城市轨道交通系统，围绕客货协同方案设计及优化需解决的问题，对国内外相关研究进行了系统综述与展望，旨在为后续研究提供思路借鉴。

本书适合物流管理、供应链管理、交通运输规划与管理、运筹学、系统科学与工程等专业领域的高年级本科生、研究生，以及相关专业工程师和教师阅读参考。

本书为北京工商大学商科数字化转型成果，本书的写作和出版得到了北京市教育委员会科研计划项目（SM202410011001）、北京工商大学本科生教学业务费（60600101002）的资助和支持，特此表示感谢！本书在写作过程中，广泛参考了国内外专家学者的研究成果，在此向他们表示感谢！

最后，鉴于作者在科研领域探索尚浅，书中难免存在论述不够严谨之处和值得进一步探讨的观点，恳请读者不吝赐教、批评指正。

朱宇婷

2025 年 1 月

# 目　录

1 绪论 ………………………………………………………… 1

1.1 研究背景 ……………………………………………… 1

1.2 研究意义 ……………………………………………… 3

1.3 基本理论及研究方法 ………………………………… 4

1.4 本书的主要内容 ……………………………………… 4


2 城市轨道交通列车开行方案的优化基础 ……………… 7

2.1 概述 …………………………………………………… 7

2.2 城市轨道交通列车开行方案影响因素分析 ………… 7

2.3 城市轨道交通列车开行方案的编制框架 …………… 18

2.4 本章小结 ……………………………………………… 19


3 考虑客流时变特性的列车时刻表优化方法研究 …… 21

3.1 概述 …………………………………………………… 21

3.2 城市轨道交通系统客流的时空不均衡特性 ………… 22

3.3 考虑客流时变特性的列车时刻表优化模型 ………… 23

3.4 基于仿真的优化模型求解方法 ……………………… 31

3.5 算例 …………………………………………………… 41

3.6 本章小结 ……………………………………………… 48


4 考虑乘客出发时间变化的列车时刻表优化方法研究 … 50

4.1 概述 …………………………………………………… 50

4.2 列车开行方案对乘客出发时间选择的影响 ………………… 51

4.3 问题描述及建模基础 ………………………………………… 54

4.4 双层规划模型 ………………………………………………… 61

4.5 算例 …………………………………………………………… 70

4.6 本章小结 ……………………………………………………… 82

5 城市轨道交通网络化列车开行方案优化方法研究 …………… 85

5.1 概述 …………………………………………………………… 85

5.2 城市轨道交通网络化运营关键问题分析 …………………… 86

5.3 城市轨道交通网络化列车开行方案优化模型 ……………… 90

5.4 求解算法 ……………………………………………………… 96

5.5 算例 …………………………………………………………… 100

5.6 本章小结 ……………………………………………………… 109

6 城市轨道交通客货协同方案设计展望 ………………………… 110

6.1 概述 …………………………………………………………… 110

6.2 国内外研究现状 ……………………………………………… 112

6.3 客货协同方案设计及优化研究展望 ………………………… 120

6.4 本章小结 ……………………………………………………… 129

7 结论与展望 ……………………………………………………… 130

7.1 主要工作及研究结论 ………………………………………… 130

7.2 研究展望 ……………………………………………………… 134

参考文献 …………………………………………………………… 135

# 1 绪论

## 1.1 研究背景

随着城市化进程的快速推进与人口规模的急剧扩张，城市交通需求与供给之间的矛盾日益凸显，伴随而来的交通安全、能源消耗、环境污染等问题已成为世界各国普遍面临的社会性挑战，严重影响了城市的经济发展及运转效率，并成为城市可持续发展的主要瓶颈（毛保华等，2011）。城市轨道交通因其大运量、高效率、低能耗、高环保的独特优势，受到世界各国的重视，并成为解决大城市病、建设绿色城市、建设智能城市的有效途径，在国民经济和社会发展中的作用日益突出。

中华人民共和国成立以来，经济总量连续跨越重要关口，城镇化水平不断提高，城市规模不断扩大，城市经济快速发展，中等规模城市的数量迅速增加。为适应我国城市的快速发展，城市轨道交通建设的紧迫性与日俱增。在北京、上海、广州等特大城市率先启动城市轨道交通规划与建设后，多地政府纷纷展开了当地的城市轨道交通规划与建设工作。根据交通运输部发布的 2024 年城市轨道交通运营数据速报，截至 2024 年年底，全国 31 个省（自治区、直辖市）和新疆生产建设兵团共有 54 个城市开通了运营城市轨道交通线路 325 条，运营里程 10945.6 公里，车站 6324 座。

近年来，随着城市轨道交通线网里程的快速增长，城市轨道交通客运量及客运分担率逐年提升。以北京为例，2012—2024 年城市轨道交通年客运量由 24.55 亿人次增长至 36.19 亿人次（保留两位小数），年平均增长率约为 3.23%。客运量的快速增长使城市轨道交通服务水平日益受到关注。城市轨道交通列车开行方案作为影响城市轨道交通服务水平的重要因素，逐渐成为研究热点。由于各城市的城市轨道交通线网规模存在较大差异，因此，不同城市的城市轨道交通列车开行方案优化重点也将有所不同。

截至 2024 年年底，在全国所有开通城市轨道交通线路的城市中，部分城市的城市轨道交通还处于初步发展阶段，温州、海宁、东莞、黄石、乌鲁木齐、太原、淮安、嘉兴、三亚等城市仅开通了 1 条城市轨道交通线路，南通、常州、呼和浩特、洛阳、兰州等城市仅开通了 2 条城市轨道交通线路。可以说，这些城市还处于未进入或刚刚进入城市轨道交通网络化运营阶段，线路与线路间的协调需求并不明显。因而，对这些城市而言，以单条线路为对象，开展城市轨道交通列车开行方案优化工作，对提高城市轨道交通服务水平更为重要。

与上述城市不同，北京、上海、广州、深圳、成都等地已基本完成城市轨道交通线网骨干框架的搭建，其中北京、上海、广州的发展尤为突出。以奥运会、世博会、亚运会的筹备与承办为契机，北京、上海、广州的城市轨道交通线网得到了快速发展，并成为我国城市轨道交通网络化运营的先驱城市。截至 2024 年年底，上述三个城市的运营线路数共达 70 条，约占全国总运营线路数的 21.54%，运营里程共计 2444.5 公里，约占全国总运营里程的 22.33%。根据上述三个城市的城市轨道交通线网规划，其线网规模还将得到进一步发展。《北京市轨道交通线网规划（2020 年—2035 年）》指出，规划城市轨道交通线网由 38 条线路构成，线网里程约 1625 公里。《上海市城市总体规划（2017—2035 年）》指出，在主城区规划 25 条市区线、总里程 1000 公里以上。《广州市综合立体交通网规划（2023—2035 年）》指出，力争 2035 年建成 1000 公里城市轨道网。伴随着城市轨道交通线网的逐步完善，换乘客流将成为城市轨道交通的重要服务对象，线路间的协同配合程度成为制约城市轨道交通线网整体效率的关键因素。因而，对这些城市而言，以整个网络为对象，开展城市轨道交通列车开行方案优化工作，对提高城市轨道交通服务水平具有至关重要的作用。

此外，随着我国对环境保护重视程度日益提升，城市物流作为空气污染及碳排放的重要来源，已成为政府关注的重点领域。为应对日益增长的物流需求，促进物流业绿色、健康、可持续发展，亟须探索新的城市物流模式。利用城市轨道交通的富余运能和高通达性能，构建城市地下物流系统，能够在实现物流业节能环保、降本增效的同时，缓解城市交通拥堵，提高城市轨道交通运营企业收入。因此，地铁物流被视为推动城市物流智能化、多元化和标准化发展的新思路。我国政府也相继出台了多项文件，积极探索创新地铁物流。然而，在城市轨道交通系统内开展物流业务，必然会增加运营组织工作的复杂性，这种复杂性也成为制约城市轨道交通物流业务大规模推广应用的关键因素。

在上述背景下，本书首先针对传统的、仅提供客运服务的城市轨道交通系统，分别以单条运营线路及整个运营网络为研究对象，开展城市轨道交通列车开行方案优化问题研究，以期提高城市轨道交通服务水平，更好地发挥城市轨道交通在综合运输体系中的骨干作用。随后，为充分使用城市轨道交通平峰运力，本书就城市轨道交通客货协同方案设计及优化问题进行了分析与展望，以期为未来开展相关研究提供思路。

## 1.2 研究意义

### 1. 现实意义

发展以城市轨道交通为骨干的公共交通系统是缓解城市交通拥堵的重要手段。研究城市轨道交通列车开行方案优化方法，能够在不改变运营线路、列车型号、车站布局形式、固定设施设备的前提下，最大限度地发挥城市轨道交通的出行优势，提高城市轨道交通总体运营效率及服务水平，增强其对乘客的吸引力，引导出行乘客向以城市轨道交通为骨干的公共交通系统转移，扭转交通结构逐步恶化的趋势，最终达到缓解城市道路拥挤的目的。

### 2. 理论意义

目前，国内外已针对城市轨道交通列车开行方案开展了大量研究，并积累了丰富理论成果和实践经验。然而，随着城市轨道交通网络的进一步扩张，以及乘客出行要求的不断提高，如何制定高效合理的城市轨道交通列车开行方案仍然是国内外专家学者的研究热点。本书在既有研究的基础上，更为细致地分析了乘客的出行规律及其需求特点，并以此为基础，结合计算机仿真技术，提出了考虑乘客出行效率的城市轨道交通列车开行方案优化方法，为我国城市轨道交通运营规划提供理论支撑和科学依据。

## 1.3 基本理论及研究方法

本书主要采用的基本理论及研究方法列举如下。

（1）定性分析法。运用分析与综合、抽象与概括等方法，对影响城市轨道交通列车开行方案优化的主要因素进行探讨，并构建了城市轨道交通列车开行方案的编制框架，为城市轨道交通列车开行方案的研究提供理论支撑与方法论基础。

（2）实验分析法。通过数值实验，分析并探讨了城市轨道交通列车开行方案对乘客出发时间选择的影响，为城市轨道交通列车时刻表优化模型的建立提供依据。

（3）交通网络平衡分析理论与方法。考虑乘客出行选择结果间的动态反馈机制，研究乘客出行时间选择模型，即一种考虑容量约束的客流分配方法，并采用连续平均求解算法，对乘客的出行时间选择结果进行计算及分析。

（4）图论。应用图论的相关方法对城市轨道交通线路及网络进行抽象化建模，以简化复杂系统的建模过程，其中，节点为城市轨道交通车站站台，弧用来连接两个节点，可分为运行弧、折返弧以及换乘弧。

（5）计算机模拟理论与方法。通过计算机仿真的方法，对乘客进出站、上下车及换乘过程进行模拟，并获取仿真过程中各相关变量的变化情况，以辅助相关智能算法完成对城市轨道交通列车开行方案优化模型的求解。

## 1.4 本书的主要内容

本书共分为七章，结构安排如图 1-1 所示。第 1 章为绪论；第 2 章阐述了城市轨道交通列车开行方案的优化基础；第 3~5 章为本书的核心模型部分，分别针对单条运营线路及整个运营路网建立了列车开行方案优化模型；第 6 章将货运服务引入城市轨道交通系统，进行了客货协同方案设计及优化研究展望；第 7 章为结论与展望。

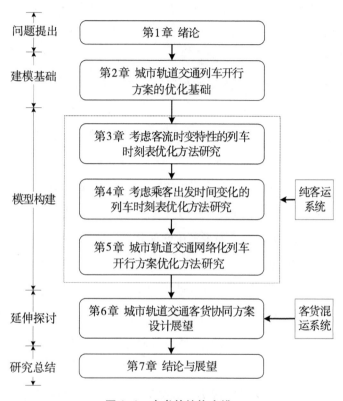

图 1-1 本书的结构安排

第 1 章：绪论。该章主要论述了本书的研究背景及研究意义，介绍了本书主要采用的基本理论及研究方法，罗列了本书的主要内容。

第 2 章：城市轨道交通列车开行方案的优化基础。该章为本书研究的基础和逻辑起点，从城市的发展、乘客出行需求、行车条件以及运力资源配置四个方面出发，分析并探讨了编制城市轨道交通列车开行方案所需关注的各项因素，并构建了城市轨道交通列车开行方案的编制框架，为第 3~5 章城市轨道交通列车开行方案优化模型的建立提供依据。

第 3 章：考虑客流时变特性的列车时刻表优化方法研究。以实际客流数据为基础，分析客流的时空不均衡特性，并指出建立考虑客流时变特性的列车时刻表优化模型的必要性。在此基础上，以各站乘客详细到达分布为输入条件，建立了乘客及运营企业综合费用最小的城市轨道交通列车时刻表优化模型。然后，根据模型特点，提出基于仿真的两阶段遗传算法，对模型进行求解，并详细给出了容量（站台及列车容量）约束下的乘客出行过程仿真方法，为本章及第 4 章、第 5 章优化模型的求解奠定基础。最后，以某城市轨道交通线路为例，对模型及算法的有效性进行验证，并对模型中的部分参数进行了灵敏度分析。

第 4 章：考虑乘客出发时间变化的列车时刻表优化方法研究。首先，以单条城市轨道交通线路为研究对象，通过算例，探讨城市轨道交通列车开行方案对乘客出发时间选择的影响。以此为前提，建立考虑乘客出发时间变化的城市轨道交通列车时刻表双层规划模型，并设计相应求解算法。最后，通过算例验证了模型及算法的有效性，并对模型中的部分参数进行了灵敏度分析。

第 5 章：城市轨道交通网络化列车开行方案优化方法研究。首先，分析并探讨了城市轨道交通网络化运营的关键问题，即换乘协同。在此基础上，建立城市轨道交通网络化列车开行方案优化模型，并提出了一种基于模拟仿真的遗传算法，对模型进行求解。最后，通过算例应用，验证模型及算法的有效性。

第 6 章：城市轨道交通客货协同方案设计展望。该章提出了城市轨道交通客货协同方案设计需解决的三方面问题，围绕上述问题，进行了国内外研究评述，并基于既有文献存在的不足，开展了客货协同方案设计及优化研究展望。

第 7 章：结论与展望。该章对本书的主要工作及研究结论进行了总结，并探讨了下一步研究方向，希望为后续研究提供参考与借鉴。

# 2 城市轨道交通列车开行方案的优化基础

## 2.1 概述

城市轨道交通列车开行方案是影响城市轨道交通服务水平的重要因素，然而其在制定过程中受到诸多因素的影响及制约，若单纯依据乘客出行需求或政府决策导向，难以获得高效、合理的城市轨道交通列车开行方案。因此，确定各主要影响因素是研究城市轨道交通列车开行方案优化方法的基础。

目前，关于城市轨道交通列车开行方案影响因素的研究已取得一定的成果。王永亮（2014）在其论文中指出，城市轨道交通列车开行方案影响因素主要分为三大类型，即乘客需求、行车条件以及运力资源。孙杨（2012）以公共交通网络（包括常规城市轨道交通）为研究对象，指出影响网络发展的主要因素可分为三大类型，即城市发展、出行者的需求以及公共交通系统的供给。林震和杨浩（2003）指出影响城市轨道交通发车间隔的因素有设备条件与行车作业水平、延误与突发事件、交通需求、运营成本、等待时间等。

本章首先结合既有文献，对影响城市轨道交通列车开行方案的各主要因素进行归纳总结，并重点分析了乘客出行需求（包括乘客出行总量的需求、对安全性的需求、对出行时间的需求等）对城市轨道交通列车开行方案制定的影响；然后，以此为基础，给出了后续章节（第3~5章）城市轨道交通列车开行方案的编制框架。

## 2.2 城市轨道交通列车开行方案影响因素分析

城市轨道交通规划是城市交通规划的一部分，城市经济的快速增长将直接影响乘客的购买力水平,从而间接影响其对公共交通服务的满意度水平。此外,城市轨道交通系统内部存在着运输供给和乘客出行需求之间的矛盾关系;长期以来,在有限的行车条件下实现列车运力资源的合理配置,平衡运输企业与乘客的双重利益,始终是城市轨道交通列车开行方案编制的核心命题。因此,从整体上将城市轨道交通列车开行方案影响因素归纳为四个部分:①城市的发展;②乘客出行需求;③行车条件;④运力资源配置。城市轨道交通列车开行方案影响因素相关关系分析如图 2-1 所示。

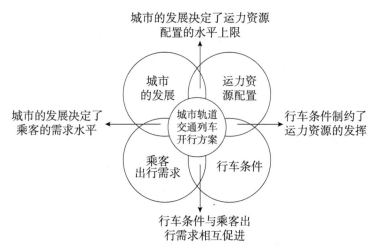

图 2-1　城市轨道交通列车开行方案影响因素相关关系分析

### 2.2.1　城市的发展

城市的发展作为城市轨道交通列车开行方案优化调整的外部因素,从全局角度影响了乘客对运输服务水平的满意度及各地政府公共交通发展策略,为城市轨道交通运营优化提供了依据。

**1. 城市经济的发展**

城市产业结构、功能定位、建设规模等因素在很大程度上决定了城市经济的发展速度。伴随着城市经济的快速发展,居民收入逐年增加,生活质量日益提高。图 2-2 给出了 2014—2023 年我国城镇非私营和私营单位就业人员的年平均工资。从图中可以看到,近年来我国就业人员的年平均工资呈现快速增长态势,城镇非私营单位和私营单位年均增长率分别达 8.83%和 7.3%。

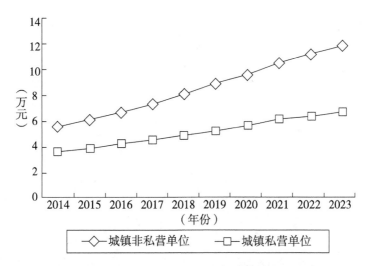

**图 2-2  2014—2023 年我国城镇非私营和私营单位就业人员的年平均工资**

资料来源：国家统计局。

城市经济的发展必然导致城市居民生活节奏的加快，同时快速增长的经济收入也使城市居民出行的时间价值增加。杜光（2010）根据实际调查数据，给出了不同月平均收入人群乘坐公共交通出行的时间价值（以工作为出行目的）感知情况，如图 2-3 所示。可以发现，随着月平均收入的增加，换乘时间价值、候车时间价值以及运行时间价值均出现了不同程度的增长。这说明，日益增加的经济收入使城市居民对公共交通系统提出了更高的服务要求，城市居民不仅希望城市轨道交通系统能够满足其基本出行需求，还希望享受到更为快速、便捷、舒适、安全、可靠的出行过程。

**2. 城市轨道交通发展策略**

从经济学角度出发，城市轨道交通不仅具有公共产品的基本特性（即消费的非竞争性），还具有私人产品的基本特点（即排他性），其属于准公共产品。从理论上说，纯公共产品一般由政府部门提供，纯私人产品则是由企业部门通过市场提供。准公共产品因其具有一定的社会福利性，既可以由政府部门直接提供，也可以在政府部门给予相应补助的条件下，由相应的企业部门通过市场提供。

城市轨道交通的社会福利性主要体现在其以低于成本的价格为城市居民

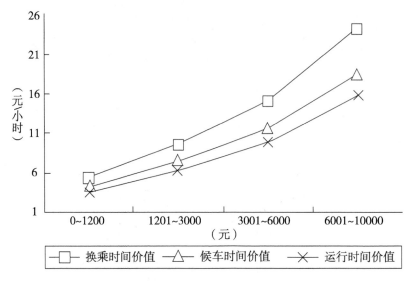

**图 2-3 不同月平均收入人群乘坐公共交通出行的时间价值（以工作为出行目的）**

出行提供服务时造成的政策性亏损。客观上说，凡因城市轨道交通运营企业公益性造成的政策性亏损，都需要政府部门进行相应的财政补偿。受地方财政及城市轨道交通发展策略的影响，各地政府对城市轨道交通的补贴具有较大差异。以 2023 年为例，北京市基础设施投资有限公司获批约 97.2 亿元运营亏损补贴，广州地铁集团有限公司获批约 3.4 亿元补贴（含安检补贴、稳岗补贴、科研项目补贴等其他收益科目），成都轨道交通集团有限公司获批约 69.3 亿元票款补贴。这种补贴差异将直接影响各地城市轨道交通的运营策略，因为补贴额度与城市轨道交通运营企业的最终收益密切相关，间接影响城市轨道交通运营企业的生产效益，从而决定其提供何种程度的城市客运服务。

### 2.2.2 乘客出行需求

乘客作为城市轨道交通的直接使用者，其出行需求是影响城市轨道交通列车开行方案优化方法的核心因素。当乘客出行需求未能得到有效满足时，不仅可能导致部分客源流失，还可能影响城市轨道交通运营企业的运营收益。因此，城市轨道交通系统应从五个方面满足乘客出行需求：①乘客出行总量的需求；②对安全性的需求；③对出行时间的需求；④对出发时间及到达时间的需求；⑤对舒适度的需求。

**1. 乘客出行总量的需求**

客流量是编制城市轨道交通列车开行方案的重要依据。随着城市经济的快速发展、城市规模及城市轨道交通线网规模的不断扩张，城市轨道交通客流量逐年增加。一般而言，城市轨道交通客流量增长过程大体可分为四个阶段（房霄虹等，2012）。城市轨道交通客流量变化趋势如图 2-4 所示。

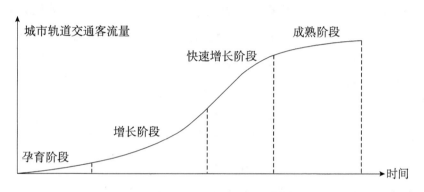

**图 2-4　城市轨道交通客流量变化趋势**

（1）孕育阶段。

在孕育阶段，一般仅存在独立运营的单条城市轨道交通线路，覆盖范围很小，可达性处于较低水平，客流需求在短时间内难以达到城市轨道交通线路设计水平，运输能力相对富余。

（2）增长阶段。

随着城市轨道交通新线路的开通，不同线路间的换乘关系基本形成，城市轨道交通网络可达性提高，客流需求稳步增长，城市轨道交通运营开始进入成熟期。部分运营线路甚至可能出现运力紧张的情况，运输能力成为客流量增长的重要制约因素。

（3）快速增长阶段。

城市轨道交通网络结构基本形成，城市轨道交通的便捷性及通达性进一步提高，并带来了大量转移及诱增客流；换乘系数快速增加，城市轨道交通线路间及城市轨道交通与其他交通方式间的换乘客流将成为影响城市轨道交通客流量增长的重要因素。

（4）成熟阶段。

当城市轨道交通网络发展到一定规模后，城市轨道交通客流变化进入成熟期，客流量将随着城市规模、城镇人口数、就业岗位数等因素的自然增长而发生相应的变化，且无论是城市轨道交通网络还是网络内的各条运营线路，其客流量的增长都将保持在一个相对较缓且稳定的范围内。

显然，处于不同的客流量增长阶段，城市轨道交通运营面临的挑战不同，政府针对城市轨道交通的发展策略也将有所不同，因此，在制定城市轨道交通列车开行方案时，应着重参考其客流量及发展阶段。

## 2. 对安全性的需求

出行安全是乘客最根本的出行需求，其一般体现在以下两个方面。

（1）行车安全。

当城市轨道交通列车进行停站作业时，必然要经过制动减速、停站、启动加速等一系列过程，为保证行车安全、避免列车出现非正常制动减速或停站作业干扰，后续列车与前行列车间应保留足够的追踪间隔。

（2）乘车安全。

在城市轨道交通车站内复杂环境的约束下，客流对站内各项设施设备产生冲击，尤其在客流高峰时段，乘客的集中涌入及滞留使站台聚集人数骤增，而乘客自组织行为会引发结群拥堵、瓶颈震荡、客流湍流及群体恐慌等问题，不仅影响城市轨道交通运营安全，还会显著增加恐慌性拥挤踩踏事件的发生概率，导致站内安全隐患进一步加剧。因此，在制定城市轨道交通列车开行方案时，应尽可能控制站台聚集人数，消除站内安全隐患。

## 3. 对出行时间的需求

出行时间是体现运输方式服务质量最基本的特性，它直接决定了乘客的出行效率。通常，乘客为参加某项活动或完成某项工作，不可避免地需要花费相应的出行时间抵达活动/工作场所。在出行过程中，乘客不仅无法创造任何经济效益，还需消耗一定体力和精力完成整个行程，因此自然希望出行时间越短越好。

一般而言，乘客完整的出行过程主要包括步行过程、候车过程、乘车过程、换乘过程等，与之相对应的出行时间为步行时间、候车时间、乘车时间、换乘时间等。乘客的一次出行过程解析如图2-5所示。

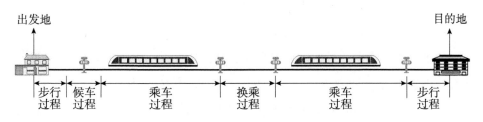

**图2-5　乘客的一次出行过程解析**

显然，在一个完整的出行过程中，除乘客自身属性外，步行过程仅受城市轨道交通线网覆盖程度以及枢纽站内通道布局结构影响，也就是说，当城市轨道交通网络及车站建成后，这部分出行过程将难以得到改善。

另外，由于城市轨道交通的站间距相对较短，因此通过调整列车运行速度来减少乘客乘车时间，需要付出高昂的运营成本，并会产生大量的能源消耗，不利于城市交通的可持续发展。

乘客候车时间仅需通过调整城市轨道交通列车开行方案即可在一定程度上得到优化，也就是说，乘客候车时间的优化不仅易于实现，且优化效果显著。因此，如何规划城市轨道交通列车开行方案，减少乘客候车时间（包括初始车站的候车时间和换乘车站的换乘候车时间）成为目前国内外专家学者的研究重点。

**4. 对出发时间及到达时间的需求**

乘客的出行一般具有较强的目的性（如上下班、购物、娱乐等），且出行时间相对明确。Heydecker 和 Addison（2005）在其研究中指出，乘客在进行出行选择时，除了考虑与出行过程相关的成本（如行程时间成本、出行费用等）外，还会考虑与出发时间和到达时间相关的出行成本。

（1）与出发时间相关的出行成本。

一般而言，乘客总是希望尽可能推迟其出发时间，以便拥有更多的可支配时间来进行娱乐、学习、休闲等相关活动。Chen 等（2001）指出所有乘客在出行时存在一个最早出发时刻和一个最晚出发时刻，而这两个时刻之间的时间范围被称为"出发时间窗"，在该时间窗内，出发成本是一个与出发时间相关的线性递减函数，如图 2-6（a）所示。

（2）与到达时间相关的出行成本。

因过早或过晚到达目的地给乘客造成的损失（如迟到被扣奖金），这部分出行成本被称为"计划延误（Schedule Delay）成本"。Hendrickson 和 Kocur（1981）、Vickrey（1969）、Arnott 等（1990）指出，乘客具有一个明显的"到达时间窗"，其计划延误成本可以表示为一个分段函数，当乘客在到达时间窗内到达时，不产生计划延误成本，反之，当乘客在到达时间窗外到达时，将产生计划延误成本，且超出到达时间窗的边界越远，产生的计划延误成本越大。Chen 等（2001）则认为所有乘客存在一个最优到达时刻、最早到达时刻以及最晚到达时刻，其中最早、最晚到达时刻之间的时间范围被称为"到达时间窗"，在该时间窗内，到达成本是一个与到达时间相关的下凸函数，且在最优到达时刻，该函数取值最小，如图 2-6（b）所示。

### 5. 对舒适度的需求

城市轨道交通系统的舒适度是指乘客在出行过程中对出行环境从生理与

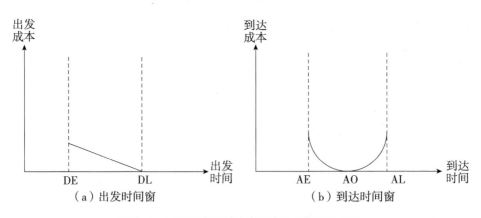

（a）出发时间窗　　　　　　　　　　（b）到达时间窗

**图 2-6　与出发时间及到达时间相关的阻抗函数**

注：DE——最早出发时刻；DL——最晚出发时刻；AE——最早到达时刻；AO——最优到达时刻；

AL——最晚到达时刻。

心理两个方面出发所感受到的满意程度。显然，影响舒适度的因素较多，如乘车期间座位的可获得性、车内温度、乘车期间感受到的噪声、换乘环境等，因人而异。因此，难以全面地对乘客舒适度进行刻画。为进行简化处理，目前国内外专家学者基于乘客的拥挤感知对其进行描述。

拥挤，是指在特定的空间环境及设施设备布局等客观环境的约束下，乘客个体间局部交互行为频繁导致的个体行为空间压缩，及其给乘客带来的一种不愉快的心理状态（许奇，2014）。众多研究学者采用人群密度或基于人群密度的设施服务水平来定义和解释拥挤程度。针对城市轨道交通系统而言，由于乘客绝大部分出行时间都花费在列车车厢内及车站站台上，因此，可通过列车车厢内及车站站台上的人群密度反映乘客采用城市轨道交通出行时的拥挤感知。

## 2.2.3 行车条件

行车条件是城市轨道交通列车开行方案的实施条件，也是编制城市轨道交通列车开行方案的重要制约条件，其主要包括城市轨道交通规模、车站设施设备通过能力、线路能力、站台长度等。

### 1. 城市轨道交通规模

城市轨道交通规模包含了城市轨道交通线网和车辆段规模两个部分。一方面，随着城市的快速发展及城市轨道交通线网的不断扩大，为满足日益增长的乘客出行需求，城市轨道交通列车开行方案必然要做出相应调整。另一方面，城市轨道交通车辆段是对城市轨道交通车辆进行日常维护、运行管理以及各级检修的基地（尚漾波和叶霞飞，2009），其检修库、运用库的布局规模等共同决定了列车保有数量，进而影响城市轨道交通列车开行方案的编制。

### 2. 车站设施设备通过能力

乘客在城市轨道交通车站内走行时，需要经过售票机、验票闸机等一系列服务性设施设备（包括自动扶梯、换乘大厅、通道等通道类设施），当乘客出行需求达到一定规模后，相关设施设备的通过能力将严重制约乘客在城市轨道交通车站内的走行效率，从而降低站内乘客的疏散效率，最终导致大量乘客在站台的聚集现象。因此，在编制城市轨道交通列车开行方案时，应结合城市轨道交通沿线车站的集散效率，采取合理的规划方法，减少站内乘客大规模聚集的现象。

### 3. 线路能力

线路能力是指在采用一定的型号设备、车辆类型以及行车组织方法的条件下，城市轨道交通线路上的各项固定设施设备在单位时间内（通常指高峰小时内）所能通过的列车数（毛保华，2006）。

线路能力一般由线路通过能力和折返站折返能力两部分组成，其中，折返站折返能力往往是制约线路能力的主要因素。

（1）线路通过能力。

在列车追踪运行的情况下，线路通过能力的计算公式如下（毛保华，2006）：

$$n_{\max} = \frac{3600}{h_{\min}} \tag{2-1}$$

式中：$n_{\max}$——在一个小时内能够通过的最大列车数（单位为列）；

$h_{\min}$——最小列车追踪间隔（单位为秒）。

（2）折返站折返能力。

折返站折返能力一般受到折返方式、折返站站型、道岔配置、配线形式、信号系统、客运组织以及车辆性能等方面的影响。折返站折返能力的计算公式如下（李春雨等，2009）：

$$n'_{\max} = \frac{3600}{t_{折}} \tag{2-2}$$

式中：$n'_{\max}$——折返站在一个小时内能够通过的最大列车数（单位为列）；

$t_{折}$——折返时间间隔（单位为秒）。

### 4. 站台长度

站台长度将直接影响列车编组数量的上限，进而影响单次列车的运能，最终影响整条线路的通过能力及城市轨道交通列车开行方案优化结果。

### 2.2.4　运力资源配置

决策者制定的城市轨道交通列车开行方案，不仅要最大限度满足乘客的出行需求，还要尽可能避免运力资源的浪费。

#### 1. 列车购置成本

运营车数是指为完成日常运输任务所必须配备的技术状态良好的可用列车数（毛保华，2006）。它与列车运行速度、列车停站时间、高峰小时开行的最大列车对数以及折返站折返时间等因素相关。由于城市轨道交通列车价格昂贵，在不降低乘客服务水平的前提下，运营部门希望城市轨道交通列车开行方案所需的运营车数越少越好，以便节省列车购置成本。

#### 2. 城市轨道交通运营成本

城市轨道交通运营成本是指在运营单位为乘客提供运营服务的过程中，所产生的各类直接费用和间接费用之和（李妍，2012）。其主要包括职工工资、运营能耗、维修费用、管理费用、主营业务税金及附加、营运费、市场营销费七项（陈旻瑜，2006）。

根据成本是否随行车里程变化，又可将城市轨道交通运营成本分为可变成本和固定成本两类。可变成本是指随行车里程变化而产生的费用，主要包括牵引用电费、车辆保洁费、司机人工费、车辆维修成本等；固定成本是指不随行车里程变化的运营费用，其主要包括职工工资、照明用电费、管理费用等。

#### 3. 车站客流组织水平

作为城市大、中运量的公共交通系统，城市轨道交通系统的乘客集散需完全通过车站完成，因此，沿线各车站的乘客集散效率将直接影响城市轨道交通系统的服务水平，以及城市轨道交通的吸引力。

城市轨道交通列车开行方案作为影响列车载客率的重要因素，也将对城市轨道交通线路沿线各站的上下车客流量及换乘客流量产生一定的影响，进而使各相关车站对其乘客进出站流线、换乘流线、诱导系统等进行适度调整。反之，若车站客流组织水平与城市轨道交通列车开行方案不匹配，则可能引发乘客在换乘通道、站台等地极度拥挤的现象，从而反向影响城市轨道交通列车开行方案的实施效果。

### 4. 列车能力

列车能力是列车编组辆数与每辆列车载客数量的乘积。列车编组辆数的确定，通常以规划年度高峰小时断面最大客流量为核心依据，并需综合考量站台长度、经济性及线路能力等制约因素。列车车辆定员是指城市轨道交通列车的额定载客数，其为车厢座位数和空余面积上的站立乘客数之和，城市轨道交通列车的座席布置方式、尺寸大小等都是决定列车车辆定员的主要因素。显然，在运能确定的情况下，列车能力与列车发车间隔成正比。

## 2.3 城市轨道交通列车开行方案的编制框架

城市轨道交通列车开行方案的编制过程是以客流为输入条件，遵循乘客及运营单位综合效益最大化的原则，选择城市的发展、乘客出行需求、行车条件以及运力资源配置因素中与城市轨道交通列车开行方案直接相关且易于定量描述的子因素，构建城市轨道交通列车开行方案优化模型，再采用相关算法进行求解的过程。

依据前文城市轨道交通列车开行方案影响因素分析，城市经济的发展、运营补贴、客流量、客流的时空分布特性、安全性、出行时间、出发和到达时间、舒适度、线路能力、列车购置成本和可变成本等均属于与城市轨道交通列车开行方案直接相关且易于定量描述的子因素。根据第 3~5 章的具体优化目标，选取的相关子因素如表 2-1 所示，其具体建模及求解过程见后续相关章节。

表 2-1 　　　　　城市轨道交通列车开行方案的编制框架

| 影响因素 | 子因素 | 第3章 | | 第4章 | | 第5章 | |
|---|---|---|---|---|---|---|---|
| | | 目标 | 约束 | 目标 | 约束 | 目标 | 约束 |
| 城市的发展 | 城市经济的发展 | $\sqrt{}$[1] | | $\sqrt{}$ | | $\sqrt{}$ | |
| | 运营补贴 | | $\sqrt{}$[2] | | $\sqrt{}$ | | $\sqrt{}$ |

| 影响因素 | 子因素 | 第3章 | | 第4章 | | 第5章 | |
|---|---|---|---|---|---|---|---|
| | | 目标 | 约束 | 目标 | 约束 | 目标 | 约束 |
| 乘客出行需求 | 客流量 | $\checkmark$[③] | | $\checkmark$ | | $\checkmark$ | |
| | 客流的时空分布特性 | $\checkmark$[④] | | $\checkmark$[④*] | | | |
| | 安全性 | | $\checkmark$[⑤] | | $\checkmark$ | | $\checkmark$ |
| | 出行时间 | $\checkmark$[⑥] | | $\checkmark$[⑥*] | | $\checkmark$[⑥*] | |
| | 出发和到达时间 | | | $\checkmark$[⑦] | | | |
| | 舒适度 | $\checkmark$[⑧] | $\checkmark$[⑧*] | $\checkmark$ | $\checkmark$ | $\checkmark$ | $\checkmark$ |
| 行车条件 | 线路能力 | | $\checkmark$[⑨] | | $\checkmark$ | | $\checkmark$ |
| 运力资源配置 | 列车购置成本和可变成本 | $\checkmark$[⑩] | | $\checkmark$ | | $\checkmark$ | |

注：上角标"①"——确定乘客出行的时间价值，包括候车时间价值、运行时间价值等；上角标"②"——运营方案应与城市轨道交通发展策略（即运营补贴水平）相适应，应该确保运营企业在一定额度的运营补贴下，其收益非负；上角标"③"——研究时段内的客流总量将直接影响乘客出行总费用；上角标"④"——充分考虑客流的时空分布特性，以单位时间内的各车站的乘客到达数量为输入条件；上角标"④*"——考虑客流的时空分布特性，但是以乘客到达目的地的时空分布特性为输入条件，通过结合出行时间、出发和到达时间、舒适度这三个相关因素，反推各站乘客的到达规律，在此基础上，再对运营方案进行优化；上角标"⑤"——确保站台安全性，即最高聚集人数不得超过安全值；上角标"⑥"——减少乘客候车时间；上角标"⑥*"——减少乘客出行时间，其主要包括候车时间、乘车时间、换乘时间等；上角标"⑦"——减少乘客与发发时间及到达时间相关的出行成本；上角标"⑧"——列车满载率直接影响乘客乘车时间的拥挤感知；上角标"⑧*"——为保证一定的服务质量，列车满载率存在上限；上角标"⑨"——列车发车间隔存在上下限；上角标"⑩"——列车走行公里换算成本和单位时间换算费用。

## 2.4　本章小结

本章阐述城市轨道交通列车开行方案的优化基础，从城市轨道交通列车开行方案影响因素分析及城市轨道交通列车开行方案的编制框架两个方面入手，展开了相应分析与探讨。主要工作和基本结论如下。

（1）本章根据既有文献，将城市轨道交通列车开行方案影响因素归纳为四个方面，分别为城市的发展、乘客出行需求、行车条件和运力资源配置。

①城市的发展会带动城市经济的发展，从而提高乘客出行的时间价值、改变城市轨道交通发展策略，进而对城市轨道交通列车开行方案产生影响。

②乘客出行需求是影响城市轨道交通列车开行方案优化方法的核心因素，其主要通过五大子因素对城市轨道交通列车开行方案产生影响，分别为乘客出行总量的需求、乘客对安全性的需求、对出行时间的需求、对出发时间及到达时间的需求以及对舒适度的需求。

③行车条件是城市轨道交通列车开行方案的实施条件，其通过城市轨道交通规模、车站设施设备通过能力、线路能力、站台长度等基本条件直接制约了城市轨道交通列车开行方案的编制效果。

④运力资源配置直接影响了运营单位的基本效益及城市轨道交通列车开行方案的编制效果，运营单位在编制城市轨道交通列车开行方案的过程中，会充分考虑列车购置成本、城市轨道交通运营成本、车站客流组织水平以及列车能力，尽可能避免运力资源的浪费。

（2）本章提出了城市轨道交通列车开行方案的编制框架，指出城市轨道交通列车开行方案的编制应以客流为输入条件，遵循乘客及运营单位综合效益最大化的原则，选择城市的发展、乘客出行需求、行车条件以及运力资源配置因素中与城市轨道交通列车开行方案直接相关且易于定量描述的子因素，明确优化目标及约束条件，并最终构建城市轨道交通列车开行方案优化模型。

# 3 考虑客流时变特性的列车时刻表优化方法研究

## 3.1 概述

客流不仅是设计车站规模、选择设备容量、规划交通网络以及安排工程项目建设顺序的重要依据，也是城市交通系统合理安排运力、编制运营计划的基础。城市轨道交通作为解决大城市居民日常出行需求的重要交通方式，其每天的客运量巨大。据地铁统计数据显示，2023 年北京、上海、广州和深圳的地铁年日均客运量分别为 943.43 万人次、1002.34 万人次、857.24 万人次和 739.96 万人次。

目前，在国内外城市轨道交通的运营管理中，一般根据小时交通起止点（OD）客流量或小时最大断面客流量确定城市轨道交通发车间隔，并采用均衡列车开行模式进行行车组织工作。虽然，基于等间隔发车的均衡列车开行模式具有便于管理等优点，也广泛运用到国有铁路或城际铁路（也称客运专线）的运营管理中，但对于城市轨道交通而言，该调度模式可能会导致高峰时期乘客排队候车时间过长、非高峰时期能力虚靡、各次列车载客率不均衡等现象。

为解决上述问题，本章针对单条城市轨道交通线路，提出了非均衡开行方案的制定方法。首先，分析了城市轨道交通系统乘客出行需求的时变特性，并在考虑乘客出行效率的基础上，给出乘客出行费用计算方法。然后，以时变客流需求为基本输入，以乘客与运营企业综合费用最小为目标，以站台容量、列车容量、发车间隔、首末班车发车时刻、备用车底数等为约束条件，以始发站列车发车时刻为变量，构建了城市轨道交通列车时刻表优化模型。根据模型特点，设计了基于仿真的两阶段遗传算法，对模型进行求解。最后，以某城市轨道交通线路为例，对模型及算法的有效性进行了验证。

## 3.2 城市轨道交通系统客流的时空不均衡特性

城市轨道交通系统客流具有明显的时空不均衡特性，城市轨道交通线路沿线各站点各时间段的进出站客流量差异较大。以某城市地铁 1 号线为例（见图 3-1），该线路沿线的 23 个站点，一天内的进出站客流量呈现出两个明

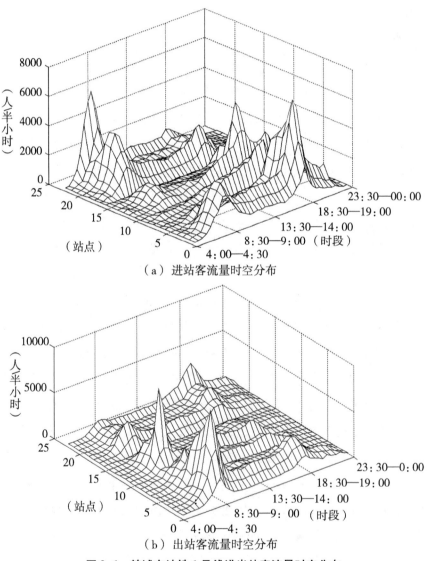

（a）进站客流量时空分布

（b）出站客流量时空分布

图 3-1 某城市地铁 1 号线进出站客流量时空分布

显的波峰，即 8：30—9：00 出现的早高峰和 18：30—19：00 出现的晚高峰，一天内的进站客流量最高接近 0.6 万人/半小时；与高峰客流量相反，平峰客流量相对较低，一般低于 0.2 万人/半小时。另外，各站点的客流量也存在明显差异，如站点 3 的全天进站客流量达 7.5 万人，而站点 15 的全天进站客流量仅 1.2 万人。显然，在该客流特性下，若全天采用统一的发车频率必将导致运营成本的增加或服务水平的降低。因此，有必要在充分考虑城市轨道交通乘客出行规律的基础上，确定各次列车间的发车间隔，以平衡服务水平和运营成本。

## 3.3 考虑客流时变特性的列车时刻表优化模型

### 3.3.1 问题描述

为了使建立的模型能够更加科学、合理地反映本章所研究的问题，并具有较好的实际应用价值，本节将围绕研究对象及研究时段进行分析。

**1. 研究对象**

对于一条城市轨道交通线路，共存在 $n$ 个车站，如图 3-2 所示。令列车从车辆段出发的方向为上行方向，记 $f = 1$，反之为下行方向，记 $f = 2$。所有列车从始发站 1 出发，沿上行方向，依次经过车站 2、3、…、$n-1$，到达折返站 $n$ 后掉头折返，依次经过车站 $n-1$、$n-2$、…、2，返回始发站 1，并在一段时间的休整后，进入空闲车底行列，以等待下一次发车。

为了便于描述，将车站按列车运行方向进行拆分，即车站 $u_1$ 和 $u_2$ 分别表示上行和下行方向的车站 $u$。

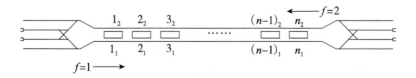

**图 3-2 城市轨道交通线路示意**

## 2. 研究时段

在实际生活中，由于列车完成从一个车站到另一个车站的移动需要一定的时间（这一段时间被称为区间运行时间，在运行示例上表现为同一次列车在不同车站的出发时刻差，见图 3-3 中的时间偏移量），因而，同一时刻到达不同车站的乘客可能会乘坐不同次列车。相反，不同时刻到达不同车站的乘客，由于时间上的巧合，则可能乘坐上同一次列车。图 3-3 中，8：06 到达车站 $3_2$ 和车站 $3_1$ 的乘客将分别乘坐列车 $K-1$ 和列车 $K$，而 6：15 到达车站 $3_1$ 的乘客和 6：45 到达车站 $2_2$ 的乘客将乘坐同一次列车（即列车 2）。

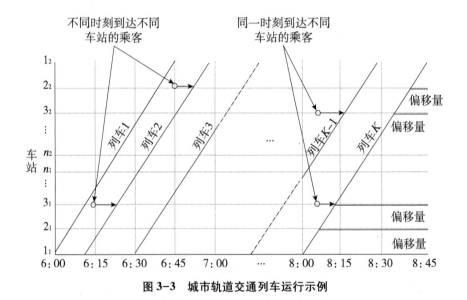

图 3-3　城市轨道交通列车运行示例

因此，为了更加清晰地描述乘客的乘车过程，更加直观地反映乘客与各次列车的对应关系，同时为了便于数学建模和深入分析，本章为各车站赋予了不同的研究时段。令 $T_b(u_f)$ 和 $T_e(u_f)$ 分别表示 $f$ 方向上车站 $u$ 的研究起始时刻和终止时刻，给出各车站研究时段，列举如下。

车站 $1_1$ 的研究时段：$[T_b(1_1),T_e(1_1)]=[6：00,8：00]$。

车站 $2_1$ 的研究时段：$[T_b(2_1),T_e(2_1)]=[6：06,8：06]$。

车站 $3_1$ 的研究时段：$[T_b(3_1),T_e(3_1)]=[6：12,8：12]$。

$\vdots$

车站 $3_2$ 的研究时段：$[\ T_b(3_2),\ T_e(3_2)\ ] = [6:33,\ 8:33]$。

车站 $2_2$ 的研究时段：$[\ T_b(2_2),\ T_e(2_2)\ ] = [6:39,\ 8:39]$。

车站 $1_2$ 的研究时段：$[\ T_b(1_2),\ T_e(1_2)\ ] = [6:45,\ 8:45]$。

为便于描述和建模，将总研究时段定义为 $[0,T]$。其中，0 代表整个研究的起始时刻（对应图 3-3 中的 6：00），$T$ 代表整个研究的终止时刻（对应图 3-3 中的 8：45）。同时，对总研究时段 $[0,T]$ 进行离散化处理，将其分割为一系列等长度的时间片段，则总研究时段 $[0,T]$ 可表示为包含一组离散时间节点的集合：

$$\varGamma = \{0,\ 1\delta,\ 2\delta,\ 3\delta,\ \cdots,\ (m-1)\delta,\ m\delta\},\ \forall m \in \mathbf{N}^* \tag{3-1}$$

式中，$\delta$ 表示时间间隔；0 表示研究起始时刻（0 时刻）；$m\delta$ 表示研究终止时刻（$T$ 时刻）。

为简化描述，若无特殊说明，本章后续内容中提到的时间节点均指进行离散化操作后的时间节点，时间长度均指进行离散化操作后的时间长度，且将省略时间间隔 $\delta$，式（3-1）可简化为：

$$\varGamma = \{0,\ 1,\ 2,\ 3,\ \cdots,\ (m-1),\ m\},\ \forall m \in \mathbf{N}^* \tag{3-2}$$

### 3.3.2 基本假设及变量定义

**1. 基本假设**

为简化问题，本章做出如下假设。

（1）城市轨道交通线路沿线各站乘客出行需求及到达分布已知，且相对稳定。

（2）运行条件的确定性。假定研究线路上列车运行速度恒定，所有开行列车在同一区间内具有相同的运行时间，在同一车站具有相同的停站时间。

（3）列车容量已知，且所有列车的载客能力相同。列车运行过程中不允许出现在车人数超过列车最大载客能力的情况，当在车人数达到列车最大容量时，车站剩余乘客将无法搭乘该次列车，而需排队等待下次列车。

（4）车站设计容量已知，站内最大聚集人数不得超过车站设计容量。研究表明，站内聚集人数与站内候车人数、下车人数密切相关（赵宇刚等，2011；张天伟等，2011），假定所有乘客严格遵守"先下后上"的原则，则站内最大聚集人数出现在某次列车最后一名下车乘客下车的瞬间。同时，由于各次列车的下车人数存在较大差异，各次列车到站后的站内聚集人数也会出现较为明显的波动。为简化分析，仅限制沿线各站可能出现的站内最大聚集人数，即各站站内最大聚集人数不得超过车站设计容量。该限制也可进一步表达为站内候车人数不得超过站内最大候车人数。站内最大候车人数可由式（3-3）计算求得：

$$\gamma_u = CS_u - LA_u^{\max} \tag{3-3}$$

式中：$\gamma_u$——车站 $u$ 的站内最大候车人数；

$CS_u$——车站 $u$ 的站台设计容量；

$LA_u^{\max}$——车站 $u$ 可能出现的最大下车人数。

（5）服务有序性。假设乘客严格按照"先到先服务"的原则排队进站，并在车站站台排队等车；列车到达后，乘客依然按照"先到先服务"的原则排队上车。

### 2. 变量定义

为描述城市轨道交通列车开行方案优化模型，定义变量如下。

$N$——车站集合，$N = \{1, 2, \cdots, n\}$；

$N_f$——车站站台集合，$N_f = \{1_1, 1_2, 2_1, 2_2, \cdots, n_1, n_2\}$；

$u_f$——当 $f = 1$ 时，表示车站 $u$ 的上行方向站台，当 $f = 2$ 时，表示车站 $u$ 的下行方向站台，$u \in N$；

$L$——运营线路全长，即车站 1 至车站 $n$ 的运营距离；

$R$——开行列车编号集合，$R = \{1, 2, \cdots, r_{\max}\}$；

$r$——开行列车编号；

$r_{\max}$——开行列车编号的最大值；

$\lambda_u^t$——$t$ 时刻到达车站 $u$ 的乘客数，$u \in N$，$t \in \Gamma$；

$\rho_{uv}$——车站 $u$ 的乘客前往车站 $v$ 的概率，$u, v \in N$；

$q_u$——研究时段内到达车站 $u$ 的总客流量，$u \in N$；

$d_u$——列车在车站 $u$ 的停站时间，$u \in N$；

$s_{u, u+1}$——列车在区间 $[u, u+1]$ 的运行时间，$u, u+1 \in N$；

$e_1$——列车在始发站 1 花费的整修时间；

$e_n$——列车在折返站 $n$ 花费的折返时间；

$m$——离散时间片段长度；

$\varphi_1$——单位时间的列车车辆购置费用；

$\varphi_2$——列车车辆单位走行公里换算费用；

$\eta$——乘客候车时间价值；

$H_{\max}$——最大发车间隔；

$H_{\min}$——最小发车间隔；

$CT$——车辆容量；

$B$——列车编组辆数；

$\vartheta$——列车最大载客率；

$\theta_u$——乘客进站阈值，当站内候车乘客数小于 $\theta_u \cdot \gamma_u$ 时，乘客可进入车站 $u$，否则，乘客将被要求在站外排队，等待下一次进站机会，$u \in N$；

$w_{u, t}$——0-1 变量，当车站 $u$ 在 $t$ 时刻允许乘客进站时，令 $w_{u, t} = 1$，否则，令 $w_{u, t} = 0$，$u \in N$，$t \in \Gamma$；

$b_r^t$——$t$ 时刻列车 $r$ 的在车乘客数，$t \in \Gamma$，$r \in R$；

$LO_u^t$——$t$ 时刻车站 $u$ 的站外等待乘客数，$t \in \Gamma$，$u \in N$；

$LP_{u_f}^t$——$t$ 时刻在站台 $u_f$ 等待的乘客数，$t \in \Gamma$，$u_f \in N_f$；

$LA_u^t$——$t$ 时刻车站 $u$ 的下车乘客数，$t \in \Gamma$，$u \in N$；

$TD_{u_f}^r$——列车 $r$ 离开站台 $u_f$ 的时间，$r \in R$，$u_f \in N_f$；

$TA_{u_f}^r$——列车 $r$ 到达站台 $u_f$ 的时间，$r \in R$，$u_f \in N_f$；

$TR_u^j$——车站 $u$ 内第 $j$ 名乘客到达后，第一趟与该乘客运行方向一致的列车的到达时间，$u \in N$；

$TF_r$——列车 $r$ 重新进入空闲车底行列的时间；

$PA_u^j$——车站 $u$ 内第 $j$ 名乘客的到站时间；

$PC_u^j$——车站 $u$ 内第 $j$ 名乘客的进站时间；

$PB_u^j$——车站 $u$ 内第 $j$ 名乘客的上车时间；

$K$——可用车底总数；

$NF_t$—— $t$ 时刻始发站 1 拥有的空闲车底数，令 $NF_0 = K$；

$\sigma_{u,t}$——0-1 变量，当车站 $u$ 处于拥挤状态，即不允许乘客进站时，令 $\sigma_{u,t} = 1$，否则，令 $\sigma_{u,t} = 0$，$t \in \Gamma$，$u \in N$；

$x_t$——0-1 变量，当 $t$ 时刻有列车从始发站 1 发车时，令 $x_t = 1$，否则，令 $x_t = 0$，$t \in \Gamma$；

$x$——决策变量向量，$x = \{x_t, \ t \in \Gamma\}$。

### 3.3.3 优化模型

**1. 目标函数**

列车时刻表的优化过程涉及运营单位和乘客两方面的利益。运营单位总是希望在满足乘客基本出行需求的前提下，尽可能地降低运营成本；乘客则总是希望出行效率越高越好。因此，城市轨道交通运营决策部门应综合考虑运营单位和乘客两方面的利益，从整个系统的角度出发对列车时刻表进行优化。

（1）运营单位。

在列车时刻表的优化过程中，城市轨道交通运营成本一直是相关运营单位关注的焦点。本章中的运营成本主要包括研究时段内的列车车辆购置费用及列车车辆走行公里换算费用（王永亮等，2012）。研究时段内的列车车辆购置费用可由式（3-4）计算求得：

$$z_1 = \varphi_1 \cdot B \cdot \left[ 2 \cdot \left( \sum_{u=1}^{n-1} s_{u,u+1} + \sum_{u=1}^{n} d_u \right) + e_1 + e_n \right] \cdot \sum_{t \in \Gamma} x_t \qquad (3\text{-}4)$$

研究时段内的列车车辆走行公里换算费用可由式（3-5）计算求得：

$$z_2 = 2 \cdot \varphi_2 \cdot B \cdot L \cdot \sum_{t \in \Gamma} x_t \qquad (3\text{-}5)$$

（2）乘客。

乘客作为城市轨道交通的服务对象，其在出行过程中总是希望出行效率越高越好。但是，当城市轨道交通线路与车站建成后，乘客的步行及乘车时间将难以得到改善，因此，本章将研究重点放在乘客等待时间的节省上，即通过缩短乘客的等待时间，达到提高乘客出行效率的目的。

根据 3.3.2 节的基本假设，可以将乘客的出行过程简单描述为：到站—排队进站—到达车站站台—排队候车—上车—下车—出站。显然，乘客的出行等待过程可分为以下几个过程。

①站外排队等待过程，即乘客站外排队等待进站的过程。

②站内排队等待过程，即乘客在车站站台排队等待上车的过程。根据乘客是否乘坐上第一趟到达列车，该等待过程又可分为站内初始排队等待过程（乘客到达车站站台后，排队等待第一趟到达列车的过程）及站内滞留排队等待过程（因第一趟到达列车满载而滞留在站的乘客排队等待下一趟到达列车的过程）。

基于上述分析可以发现，乘客在一次出行中将面临多种不同的出行等待过程。乘客的实际等待时间依然可以简单描述为乘客上车时间和乘客到站时间的时间差（$PB_u^j - PA_u^j$），则乘客总等待时间为：

$$z_3 = \sum_{u \in N} \sum_{j \in [1, \ q_u]} (PB_u^j - PA_u^j) \qquad (3-6)$$

然而，受等待环境（如炎热的夏天、寒风凛冽的冬天）的影响，乘客对站外等待时间更加敏感；而且，因列车满载而造成的滞留等待也会加重乘客的焦虑情绪，使其感知到的站内滞留等待时间远远长于实际的站内滞留等待时间。因此，本章通过引入惩罚系数 $\alpha$ 和 $\beta$（$\alpha$，$\beta \geq 1$），来体现乘客对站内滞留等待时间和站外等待时间的感知误差。由于乘客等待时间与运营成本的量纲存在一定差异，难以直接进行比较。为便于建模，本章引入时间价值系数，将乘客等待时间转为乘客广义等待时间费用进行计算，则乘客总等待时间费用为：

$$z_3' = \eta \cdot \sum_{u \in N} \sum_{j \in [1, \ q_u]} \left[ (TR_u^j - PC_u^j) + \alpha \cdot (PB_u^j - TR_u^j) + \beta \cdot (PC_u^j - PA_u^j) \right]$$

$$(3-7)$$

## 2. 列车时刻表优化模型

根据上述分析，建立列车时刻表优化模型如下：

$$\min Z(x) = z_1 + z_2 + z_3' \tag{3-8}$$

$$\text{s. t.} \sum_{t \in [t_1, t_2]} x_t \leqslant 1, \ t_2 = t_1 + H_{\min} - 1, \ \forall t_1, t_2 \in \Gamma \tag{3-9}$$

$$\sum_{t \in [t_1, t_2]} x_t \geqslant 1, \ t_2 = t_1 + H_{\max} - 1, \ \forall t_1, t_2 \in \Gamma \tag{3-10}$$

$$b_r^t \leqslant CT \cdot B \cdot \vartheta, \ \forall t \in \Gamma, \ \forall r \in R \tag{3-11}$$

$$\sum_{f=\{1, 2\}} LP_{u_f}^t + LA_u^t < CS_u, \ \forall t \in \Gamma, \ \forall u \in N \tag{3-12}$$

$$w_{u, t} = \begin{cases} 1 & \text{if } \sigma_{u, t} = 0 \text{ or } \sum_{f=\{1, 2\}} LP_{u_f}^t < \theta_u \cdot \gamma_u \\ 0 & \text{else} \end{cases} \tag{3-13}$$

$$x_m = 1, \ \forall m \in \Gamma \tag{3-14}$$

$$NF_t \geqslant 0, \ \forall t \in \Gamma \tag{3-15}$$

$$LP_{u_f}^t = 0, \ t = TD_u^{r_{\max}}, \ \forall u \in N \tag{3-16}$$

目标函数（3-8）表示运营单位和乘客的综合费用最小。式（3-9）为安全性约束，即任意两列车之间的发车间隔应不小于最小发车间隔。式（3-10）为服务水平约束，即城市轨道交通线路发车间隔不应大于某一确定值，如《城市轨道交通工程项目建设标准》（建标 104—2008）第二十条规定：初期高峰小时列车运营密度不少于 12 对/小时，即初期高峰小时最大发车间隔不应大于 5 分钟。式（3-11）和式（3-12）为容量约束条件，确保列车载客量和站内聚集人数不超过设计容量。根据基本假设（4），本章将约束条件（3-12）简化为 $\sum_{f=\{1, 2\}} LP_{u_f}^t + LA_u^{\max} < CS_u$。式（3-13）确保乘客进站条件，即当车站 $u$ 处于非拥挤状态（$\sigma_{u, t} = 0$），或站内候车人数小于阈值（$\sum_{f=\{1, 2\}} LP_{u_f}^t < \theta_u \cdot \gamma_u$）时，乘客才能进入车站。式（3-14）预设了最后一趟列车的发车时刻。式（3-15）约束了空闲车底数的取值范围。式（3-16）用于确保研究时段内运营供给能够满足乘客总需求。

## 3.4 基于仿真的优化模型求解方法

城市轨道交通列车时刻表优化问题属于 NP 难问题（Ibarra-rojas 和 Rios-solis，2012），难以通过商业优化软件或梯度法（Gradient-based Method）对其进行求解。因此，亟须一个智能优化算法，以确保能够在给定的时间范围内求得最优解。

遗传算法（Genetic Algorithm）是 1975 年由 Holland 提出的一种通过模仿自然界生物进化机制而发展起来的全局随机搜索及优化方法。由于其具有广泛的通用性、强大的全局搜索能力、高效的计算效率、较强的实用性及鲁棒性，目前已被广泛运用于解决交通运输界内的优化问题，如 Kang 等（2015）、Chen 等（2014）。

另外，在本章的优化模型中，乘客的活动过程受到一系列约束条件的限制，如容量约束条件（3-11）和（3-12），难以通过数学建模的方法对乘客详细的出行过程进行描述，抑或是计算乘客的具体等待时间。有研究指出，最小化乘客等待时间是一个非线性非凸的目标函数，需要花费大量的运算时间才能准确地对乘客等待时间进行评估。因此，根据优化问题的非线性特点，本章将采用基于仿真的优化模型求解方法来模拟乘客的出行过程，统计并计算乘客在出行过程中的等待时间，以评价城市轨道交通列车开行方案的优劣。

基于上述分析，本节提出了一个基于仿真的遗传算法，对优化模型进行求解。

### 3.4.1 仿真过程

本节采用离散事件仿真方法，模拟城市轨道交通线路上乘客及列车的活动过程，以辅助判断具体城市轨道交通列车开行方案的服务特性。具体仿真流程如图 3-4 所示。

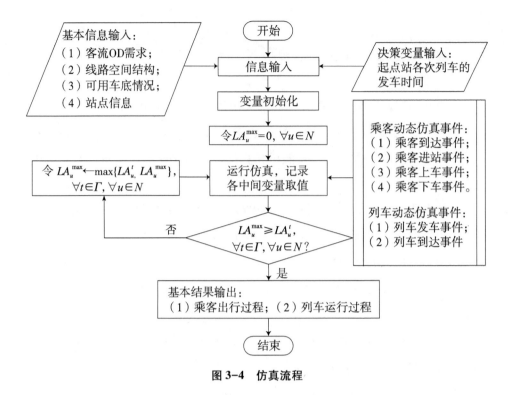

**图 3-4  仿真流程**

从图 3-4 可以看到，本节主要定义了六大仿真事件，用以模拟城市轨道交通线网的动态变化过程。根据仿真模拟对象的不同，该六大仿真事件又可分为两类，即乘客动态仿真事件和列车动态仿真事件。

**1. 乘客动态仿真事件**

乘客动态仿真事件主要用以描述乘客的动态出行过程，其包括乘客到达事件、乘客进站事件、乘客上车事件以及乘客下车事件。各事件的仿真流程及变量记录过程如图 3-5、图 3-6、图 3-7 和图 3-8 所示。

每位乘客到达车站后，其将依照先到先服务的原则，在站外排队等待进站。当站内候车人数低于站内最大候车人数时，站外等待乘客按照排队顺序依次进入车站；当站内候车人数超过站内最大候车人数时，停止进站，未进站乘客将在站外排队等待下一次进站机会。

当城市轨道交通列车到达车站后，部分在车乘客到站下车，释放列车载客空间，此时，列车的剩余载客能力决定了列车能够允许的最大上车人数。

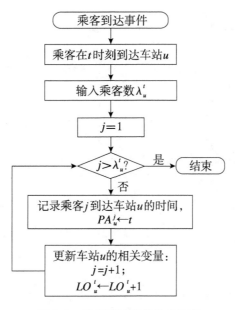

图 3-5　乘客到达事件仿真流程

　　乘客进入车站后，依然按照先到先服务的原则，在站台上排队等待上车。当在车乘客数未达到最大载客量时，乘客按照排队顺序依次上车；当在车乘客数达到最大载客量（即列车满载）时，停止上车，未能上车的乘客将在站台排队等待下一次乘车机会。

**2. 列车动态仿真事件**

　　列车动态仿真事件主要用以描述城市轨道交通列车的动态开行过程，其包括列车发车事件和列车到达事件。各事件的仿真流程及变量记录过程如图 3-9 和图 3-10 所示。

　　根据列车时刻表，确定各次列车始发站的发车时刻，当仿真时间推进至某次列车的发车时刻时，进入该次列车的出发可行性检查阶段，即检查是否存在空闲车底以满足该次列车的发车需求；当存在空闲车底（$NF_t \geq 1$）时，该次列车准时从始发站发车，并令 $NF_t \leftarrow NF_t - 1$，反之，当不存在空闲车底（$NF_t < 1$）时，该次列车无法按照列车时刻表的规定正常发车，这显然说明，该列车时刻表不可行，既有行车条件无法满足该列车时刻表的发车要求。

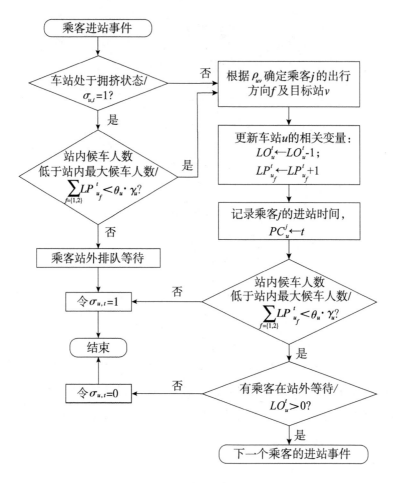

**图 3-6 乘客进站事件仿真流程**

当列车离开始发站后，根据列车区间运行时间及停站时间，依次推算列车到达、离开线路沿途各站的时间。

当列车返回始发站，并经过一段时间的整修作业后，该次列车使用的车底重新进入空闲车底行列，并令 $NF_t \leftarrow NF_t + 1$。

值得注意的是，列车最大下车人数（$LA_u^{max}$）是影响仿真结果的重要因素，其将直接影响各站站内最大候车人数的计算结果，进而影响乘客的站外等待时间及各次列车的上车人数，最严重情况下可能导致站内最大聚集人数突破车站设计容量限制。然而，在模拟仿真前，难以准确推算出各站列车的最大下车人数，因此，本章在仿真过程中增加了一个反馈过程，用以更新各站列车的最大下车人数，确保站内最大聚集人数恒低于车站设计容量。

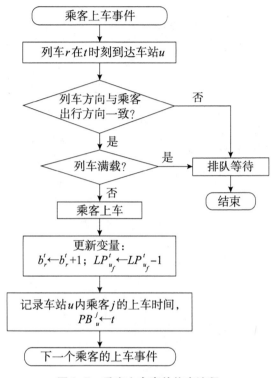

图 3-7　乘客上车事件仿真流程

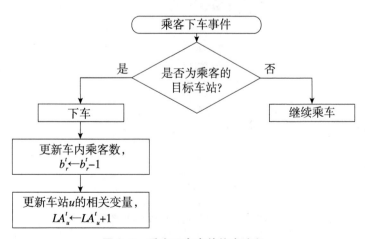

图 3-8　乘客下车事件仿真流程

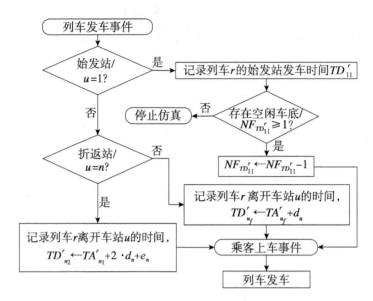

图 3-9　列车发车事件仿真流程

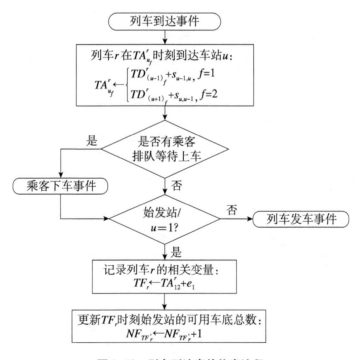

图 3-10　列车到达事件仿真流程

### 3.4.2 基于仿真的两阶段遗传算法

由于决策变量 $x_t$ 属于 0-1 变量，其表达形式与二进制编码形式十分相近，因此，可直接将解向量 $x$ 当作遗传算法的一个染色体 $X_i$ 进行计算，$x = (x_1, x_2, \cdots, x_m)$。

根据解 $X$ 的构成可以发现，其可以表示出任意一种开行方案，即研究时段内由始发站派发出去的列车数量可以由 0 到 $m$ 不等。然而，受约束条件的限制，大多数的开行方案是不可行的，例如，当两列车之间的发车间隔过长或过短时，其将难以满足约束条件（3-9）和（3-10）。若依然按照传统遗传算法的求解方法，随机产生指定数量且具有一定可行性的初始解群，将花费大量运算时间。为提高求解效率，本节提出了一个基于仿真的两阶段遗传算法，具体流程如图 3-11 所示。

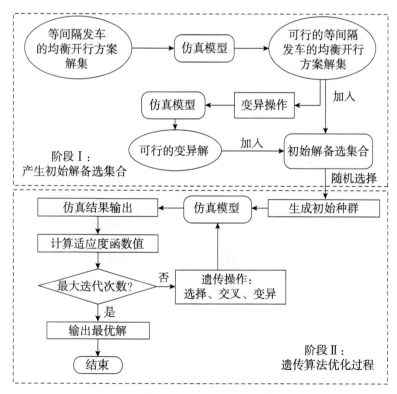

**图 3-11 基于仿真的两阶段遗传算法流程**

### 1. 阶段 I: 产生初始解备选集合

为提高求解效率，在进行遗传算法优化前，预先产生一定数量的初始解备选集合。具体生成过程如图 3-11 所示。

生成可行的等间隔发车的均衡开行方案解集。一般而言，合理的均衡开行方案均属于仿真模型的可行解范畴，且其求解方法相对简单，采用枚举法即可在短时间内获得均衡开行方案的可行解集。因此，为快速获得部分可行解，采用枚举法，依次向仿真模型中输入各均衡开行方案，并从中挑选出所有可行的均衡开行方案，加入初始解备选集合。

丰富初始解备选集合。以均衡开行方案产生的初始解备选集合为基础，通过变异操作，产生部分非均衡开行方案，并通过仿真模型挑选出可行的变异解，加入初始解备选集合。

具体变异过程如下。

步骤 1: 从初始解备选集合中随机选出一个父代染色体，并随机生成实数 $a$, $a \in [0, 1]$, 若 $a \leq 0.5$, 则采用变异规则 I (见图 3-12) 对父代染色体进行变异，否则，采用变异规则 II (见图 3-13) 对父代染色体进行变异。

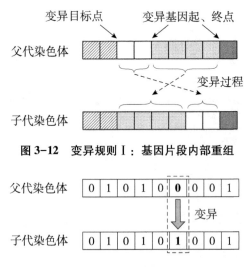

图 3-12 变异规则 I: 基因片段内部重组

图 3-13 变异规则 II: 单点变异

步骤2：通过仿真模型对子代染色体进行验证，若子代染色体对应的开行方案可行，即满足约束条件（3-9）至（3-16），则将其加入初始解备选集合。

**2. 阶段Ⅱ：遗传算法优化过程**

遗传算法优化过程主要包括以下几个步骤。

步骤1：初始化。设定种群规模 $pop\_size$ 及最大进化代数 $max\_generation$。

步骤2：产生初始种群。从阶段Ⅰ产生的初始解备选集合中，随机选择 $pop\_size$ 个染色体作为初始种群。

步骤3：计算适应度函数值。将各染色体对应的开行方案输入仿真模型，通过仿真模拟得到相关参数值，并将其代入适应度函数中进行求解，得到各染色体对应的适应度函数值。本章选择目标函数（3-8）作为遗传算法的适应度函数，即有：

$$Eval(X_k) = z(\boldsymbol{x}), \qquad \forall k = 1, 2, \cdots, pop\_size \qquad (3-17)$$

式中，$Eval(X_k)$ 表示染色体 $X_k$ 对应的适应度函数值，显然，根据优化目标可以确定，适应度函数值越小，染色体 $X_k$ 对应的解越优。

步骤4：选择操作。采用轮盘赌的方式从父代染色体种群中选出 $pop\_size$ 个染色体，组成子代染色体种群。具体步骤如下。

步骤4.1：寻找种群中最大的适应度函数值 $F$。

$$F = \max\left[ Eval(X_1), \ Eval(X_2), \ \cdots, \ Eval(X_{pop\_size}) \right] \qquad (3-18)$$

步骤4.2：令 $P_0 = 0$，计算累积选择概率 $P_k$。

$$P_k = \frac{\sum_{i=1}^{k} \left[ F - Eval(X_i) \right]}{\sum_{i=1}^{pop\_size} \left[ F - Eval(X_i) \right]}, \qquad \forall k = 1, 2, \cdots, pop\_size \qquad (3-19)$$

步骤4.3：随机生成实数 $a$，$a \in (0, 1]$，将其与累积选择概率 $P_k(k = 1, 2, \cdots, pop\_size)$ 进行对比，并选出第 $k$ 个染色体 $\left[ 满足 P_{k-1} < a \leqslant P_k \right]$，加入子代染色体种群。

步骤4.4：终止条件判断。若已选出 $pop\_size$ 个染色体，则选择操作结束，输出子代染色体种群；否则，转步骤 4.3。

步骤 5：交叉操作。采用单点交叉的方式对选择出来的两个父代染色体进行交叉操作，以产生新的染色体。具体步骤如下。

步骤 5.1：确定染色体交叉概率 $p_c$，从父代染色体种群中随机选择两个染色体，并随机生成实数 $a$，$a \in [0, 1]$，若 $a \leqslant p_c$，则根据单点交叉规则（见图 3-14）对两个染色体进行交叉。

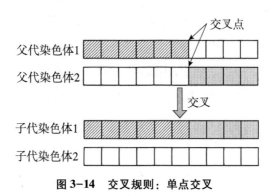

**图 3-14 交叉规则：单点交叉**

步骤 5.2：通过仿真模型对子代染色体进行验证，若子代染色体对应的开行方案可行，则将其替换父代染色体，加入子代染色体种群。

步骤 6：变异操作。对选择出的染色体进行变异，以产生新的染色体。具体步骤如下。

步骤 6.1：确定染色体交叉概率 $p_c$，从父代染色体种群中随机选择一个染色体，并随机生成实数 $a$，$a \in [0, 1]$；若 $a \leqslant p_c$，则转步骤 6.2，对该染色体进行变异，否则，保留父代染色体不变。

步骤 6.2：随机产生实数 $b$，$b \in [0, 1]$，若 $b \leqslant 0.5$，则采用变异规则 I（见图 3-12）对父代染色体进行变异，否则，采用变异规则 II（见图 3-13）对父代染色体进行变异。

步骤 6.3：通过仿真模型对子代染色体进行验证，若子代染色体对应的开行方案可行，则将其替换父代染色体，加入子代染色体种群。

步骤 7：终止条件判断。若遗传算法达到最大进化代数（最大迭代次数），则算法结束，输出最优染色体；否则进化代数加 1，并转步骤 3。

## 3.5 算例

为验证优化模型及求解算法的有效性，本章以某城市轨道交通线路为例，对其列车时刻表进行优化设计，并探讨各参数变化对最优开行方案的影响。

### 3.5.1 算例设计

该算例线路沿线共包含 7 个站点，如图 3-15 所示。列车由始发站 1 发车，经由车站 2、3、…、6，抵达折返站 7，折返后返回始发站 1。沿线各站均为岛式站台车站，即上下行客流将同时对车站站台产生冲击。线路站间距及运行时间相同，分别为 2.1km 和 5min，各站停站时间均为 30s，折返站折返时间及始发站整修时间均为 90s。各站站台设计容量为 1800 人，安全阈值 $\theta_u$ 为 0.7。

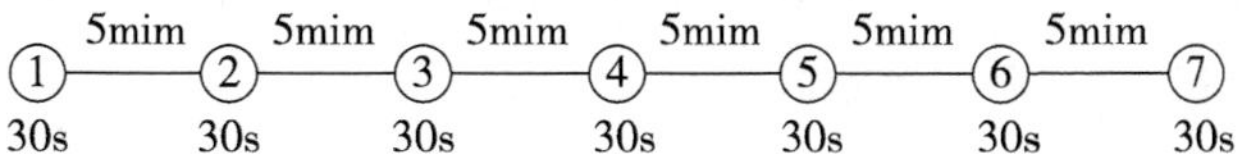

图 3-15 算例线路

算例优化目标为制定早高峰时段（7：00—8：30）内，各次列车在始发站 1 的具体发车时间。以"秒"为基本时间长度，0 代表起始时刻，则该早高峰时段可表示为 $[0, 5400]$。根据 3.3.1 节的相关分析，该时段仅为始发站 1 发车方向车站的研究时段，后续车站的研究时段需要根据列车运行时间进行调整。在描述客流需求时，为便于理解，对所有车站的起始时刻进行归零处理，并假定所有车站的乘客从时刻 1 开始进入，且各时刻的到达客流满足以下计算公式：

$$\lambda_u^t = \gamma_u \cdot \frac{1}{\sqrt{2\pi}\,\sigma_u} \cdot \exp\left(-\frac{(t-\mu_u)^2}{2\sigma_u^2}\right), \ \forall t \in [1, 5400] \quad (3-20)$$

式中，$\gamma_u$、$\sigma_u$ 和 $\mu_u$ 均为各站客流需求的基本参数，其取值如表 3-1 所示。

表 3-1　　　　　　　　各站客流需求的基本参数取值

| 基本参数 | u | | | | | | |
|---|---|---|---|---|---|---|---|
| | 1 | 2 | 3 | 4 | 5 | 6 | 7 |
| $\gamma_u$ | 19800 | 18000 | 12600 | 3000 | 18000 | 15600 | 10200 |

| 基本参数 | $u$ | | | | | | |
|---|---|---|---|---|---|---|---|
| | 1 | 2 | 3 | 4 | 5 | 6 | 7 |
| $\mu_u$ | 1680 | 1680 | 1800 | 900 | 1800 | 2100 | 1800 |
| $\sigma_u$ | 2700 | 2700 | 2100 | 4200 | 3300 | 3600 | 3600 |

进一步，当优化时间间隔 $\delta$ 确定后，各站 $t(t \in [1, 5400/\delta])$ 时刻内的客流需求可以由式（3-21）计算得到。

$$\lambda_u^t = \gamma_u \cdot \int_{\delta(t-1)}^{\delta t} \frac{1}{\sqrt{2\pi}\,\sigma_u} \cdot \exp\left(-\frac{(\tau - \mu_u)^2}{2\sigma_u^2}\right) \mathrm{d}\tau \qquad (3\text{-}21)$$

以 $\delta = 180\mathrm{s}$ 为例，将始发站 1 的各项基本参数（$\gamma_u = 19800$，$\mu_u = 1680$，$\sigma_u = 2700$）代入式（3-21），可以得到，始发站 1 在第一个时间间隔 [1，180] 内的到达乘客数为 443 人。

表 3-2 给出了乘客前往各站的概率（$\rho_{uv}$），可以看到，车站 3 内有 10% 的乘客将通过城市轨道交通前往车站 1。

表 3-2　　　　　　　车站 $u$ 的乘客前往车站 $v$ 的概率

| 目标车站<br>起点车站 | | $v$ | | | | | | |
|---|---|---|---|---|---|---|---|---|
| | | 1 | 2 | 3 | 4 | 5 | 6 | 7 |
| $u$ | 1 | — | 0.05 | 0.05 | 0.05 | 0.2 | 0.4 | 0.25 |
| | 2 | 0.05 | — | 0.05 | 0.1 | 0.2 | 0.3 | 0.3 |
| | 3 | 0.1 | 0.05 | — | 0.05 | 0.1 | 0.35 | 0.35 |
| | 4 | 0.05 | 0.1 | 0.05 | — | 0.25 | 0.2 | 0.35 |
| | 5 | 0.1 | 0.1 | 0.05 | 0.05 | — | 0.3 | 0.4 |
| | 6 | 0.05 | 0.05 | 0.05 | 0.05 | 0.4 | — | 0.4 |
| | 7 | 0.2 | 0.2 | 0.05 | 0.15 | 0.2 | 0.2 | — |

算例中的其他参数取值及遗传算法各项参数取值分别如表 3-3 和表 3-4 所示。

表 3-3　　　　　　　算例中的其他参数取值

| 参数 | 含义 | 取值 | 单位 |
|---|---|---|---|
| $K$ | 可用车底总数 | 40 | 列 |
| $H_{\max}$ | 最大发车间隔 | 15 | min |

续　表

| 参数 | 含义 | 取值 | 单位 |
|---|---|---|---|
| $H_{\min}$ | 最小发车间隔 | 2 | min |
| $CT$ | 车辆容量 | 245 | 人/辆 |
| $B$ | 列车编组辆数 | 6 | 辆 |
| $\vartheta$ | 列车最大载客率 | 115 | % |
| $\varphi_1$ | 单位时间的列车车辆购置费用 | 6 | 元/（辆·min） |
| $\varphi_2$ | 列车车辆单位走行公里换算费用 | 30 | 元/（辆·km） |
| $\eta$ | 乘客候车时间价值 | 25 | 元/h |
| $\alpha$ | 站内滞留等待时间放大系数 | 1 | — |
| $\beta$ | 站外等待时间放大系数 | 1 | — |

表 3-4　　　　　　　　　遗传算法各项参数取值

| 参数 | 含义 | 取值 |
|---|---|---|
| $pop\_size$ | 种群规模 | 40 |
| $max\_generation$ | 最大进化代数 | 70 |
| $p_c$ | 交叉概率 | 0.9 |
| $p_m$ | 变异概率 | 0.2 |

## 3.5.2　优化结果及灵敏度分析

### 1. 不同优化时间间隔的优化结果

优化时间间隔 $\delta$ 是决定列车时刻表优化结果及优化速率的重要因素。为探讨不同优化时间间隔对优化结果的影响，本节选取了三个不同的优化时间间隔（5s、10s 和 30s）对模型进行优化，遗传算法收敛过程如图 3-16 所示，不同优化时间间隔下的优化结果对比如表 3-5 所示。

根据上述优化结果可以得到以下结论。

从图 3-16 中可以发现，本章提出的基于仿真的两阶段遗传算法具有较强的收敛性，优化结果均在 54 代后开始收敛，其求解效率较高。

不同的优化时间间隔将得到不同的优化解，且消耗的时长不同。从表 3-5 可以发现，当 $\delta = 5s$ 时，求得的优化解为 188714.93 元，较 $\delta = 10s$ 时求得的优化解优化了 916.04 元，较 $\delta = 30s$ 时求得的优化解优化了 4182.38 元。然而，这一优化效果伴随着巨大的时间消耗，$\delta = 5s$ 时所花费的运算时间为 5834.57s，

· 43 ·

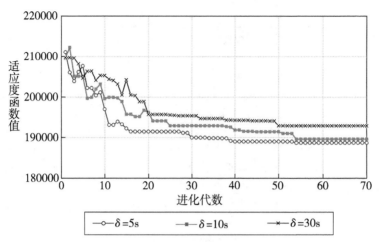

图 3-16　遗传算法收敛过程

表 3-5　　　　　　　　　　不同优化时间间隔下的优化结果对比

| $\delta$ | $z_1+z_2$（元） | $z_3'$（元） | $Z$（元） | 运算时间（s） |
|---|---|---|---|---|
| $\delta=5s$ | 78540 | 110174.93 | 188714.93（89.97%） | 5834.57 |
| $\delta=10s$ | 127008 | 62622.97 | 189630.97（90.40%） | 2768.51 |
| $\delta=30s$ | 119952 | 72945.31 | 192897.31（91.96%） | 929.09 |
| 均衡开行方案 | 155232 | 54529.38 | 209761.38（100%） | 281.36 |

其约是 $\delta=10s$ 时的 2.11 倍，约是 $\delta=30s$ 时的 6.28 倍。因此，在实际优化时，应根据求解时间及精度要求，合理选择优化时间间隔。

在此，仅给出 $\delta=5s$ 时求得的最优列车时刻表，如图 3-17 所示，其中纵坐标表示城市轨道交通线路沿线车站，横坐标表示时间，斜线表示列车运行线，该运行线在车站 7 折返。

为了验证模型的优越性，将优化结果与均衡开行方案进行对比，如表 3-5 所示。结果显示，本章提出的优化模型能够有效平衡运营企业和乘客之间的利益，其系统综合费用相较于均衡开行方案而言，分别降低了 10.03%、9.60% 和 8.04%（ $\delta=5s$、10s 和 30s 时）。主要原因在于，本章提出的优化模型能够根据乘客出行需求，灵活调整各次列车间的发车间隔及开行列车数量（图 3-17 中，研究时段内仅安排了 18 次列车从始发站 1 出发，各次列车间的发车间隔从 210s 到 700s 不等），从而减少乘客等待时间、缩减开行列车数量。

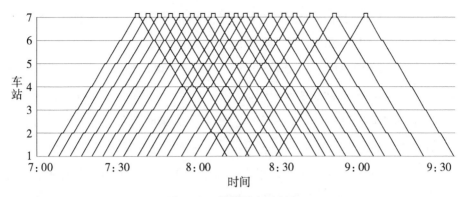

**图 3-17  最优列车时刻表**

### 2. 列车编组辆数灵敏度分析

列车容量是影响城市轨道交通列车开行方案的重要因素，而列车编组辆数是控制列车容量的决定性因素。因此，选取列车编组辆数为指标，令 $\delta = 30s$，其他参数不变，取区间 [3, 11] 为灵敏度分析范围，以 1 为步长，观察列车编组辆数由 3 辆变为 11 辆时，开行列车数及其相关费用随列车编组辆数变化情况，如图 3-18 所示。

从图 3-18 中可以看出，当列车编组辆数为 2 辆时，不存在可行解；当列车编组辆数大于 2 辆时，随着列车编组辆数的增加，乘客等待总费用、运营

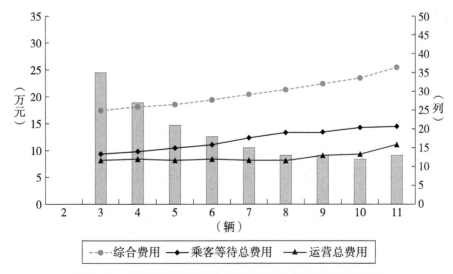

**图 3-18  开行列车数及其相关费用随列车编组辆数变化情况**

总费用及综合费用总体呈现上升趋势，开行列车数总体呈下降趋势，且列车编组辆数越大，综合费用变化幅度越大。当列车编组辆数由 3 辆上升至 11 辆时，综合费用由 173414.96 元增至 253821.81 元，乘客等待总费用和运营总费用分别由 92564.96 元和 80850 元波动增至 143711.81 元和 110110 元，开行列车数由 35 列下降至 13 列。这说明，"小编组、高密度"的城市轨道交通列车开行方案能够更好地平衡运营企业与乘客之间的利益，减少系统总费用；但受线路能力的限制（如最小发车间隔等），过小的列车编组辆数容易造成运力不足的现象，即无法满足乘客的基本出行需求。

### 3. 站台设计容量灵敏度分析

其他参数不变，取区间 [1100, 1800] 为灵敏度分析范围，以 100 为步长，观察站台设计容量（$CS_u$）由 1800 人变为 1100 人时，开行列车数及其相关费用随站台设计容量变化情况，如图 3-19 所示。

从图 3-19 中可以看出，当 $CS_u \geq 1300$ 时，综合费用相对稳定，其费用一直保持在 192897.31 元；当 $CS_u < 1300$ 时，随着站台设计容量的减小，综合费用呈现快速上升的趋势。当站台设计容量由 1300 人下降至 1100 人时，综合

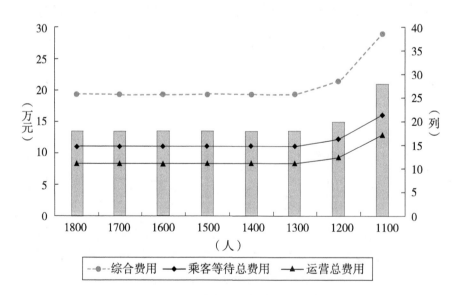

图 3-19　开行列车数及其相关费用随站台设计容量变化情况

费用由 192897.31 元上升至 289465.33 元。主要原因在于，当站台设计容量具有一定规模（即 $CS_u \geqslant 1300$）时，乘客需要站外等待的概率快速下降，乘客站外等待时间非常短，以至于难以对优化解产生影响，因此，综合费用保持稳定。然而，当站台设计容量不满足基本要求（即 $CS_u < 1300$）时，站台设计容量越小，乘客顺利进入车站的机会越小，其被迫站外等待的时间越长，决策部门为防止乘客等待总费用的快速增加，不得不增加相应的开行列车数，加快站内候车乘客的输送作业，以期尽可能快地为站外等待乘客腾出站内候车空间。从图 3-19 中可以清晰看到，伴随着 $CS_u$ 的减小，运营总费用和乘客等待总费用都出现了不同程度的增加，其中，运营总费用由 83160 元上升至 129360 元（开行列车数由 18 列迅速增至 28 列），乘客等待总费用由 109781.12 元上升至 160105.33 元。

上述结果表明，过小的站台设计容量会严重制约城市轨道交通服务水平，还会导致运营总费用的快速增加，且站台设计容量越小，运营总费用及乘客等待总费用越高。相反，过大的站台设计容量并不会明显提高城市轨道交通服务水平，反而可能带来高额的建设费用。因此，在修建城市轨道交通车站时，宜对城市轨道交通线路运营情况进行预估，为车站规模的选定提供决策依据。

**4. 乘客时间价值灵敏度分析**

其他参数不变，取区间 [10，40] 为灵敏度分析范围，以 5 为步长，观察乘客时间价值由 10 元/h 变为 40 元/h 时，开行列车数及其相关费用随乘客时间价值变化情况，如图 3-20 所示。

从图 3-20 中可以看到，随着乘客时间价值的增加，运营总费用、乘客等待总费用、综合费用以及开行列车数总体呈上升趋势，即当乘客时间价值由 10 元/h 变为 40 元/h 时，综合费用、乘客等待总费用、运营总费用以及开行列车数分别由 150215.70 元、71675.70 元、78540 元及 17 列上升至 232553.81 元、149393.81 元、83160 元及 18 列。这说明，随着乘客时间价值的增加，乘客对公交系统服务水平的要求提高，为保证乘客的满意度，运输企业需适当加开一定的列车班次。也就是说，政府决策部门应根据城市社会经济发展水平，适时对城市轨道交通列车时刻表做出相应调整。

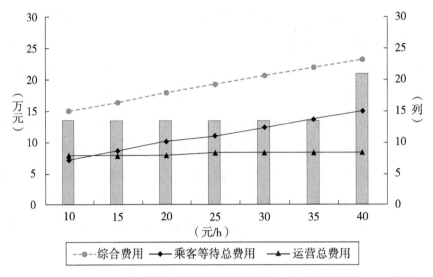

图 3-20　开行列车数及其相关费用随乘客时间价值变化情况

## 3.6　本章小结

本章以单条城市轨道交通线路为研究对象，分析探讨了城市轨道交通客流时变特性，并提出了城市轨道交通非均衡开行方案优化模型。该模型在充分考虑站台容量、列车容量、发车间隔、首末班车发车时刻、备用车底数等约束条件的基础上，通过确定各次列车在始发站的具体发车时刻，达到提高乘客出行效率、降低企业运营费用的目的。最后，根据模型的特点，设计了基于仿真的两阶段遗传算法，对模型进行求解，并以某城市轨道交通线路为例，对模型及算法的有效性进行了验证。

本章的主要工作及结论如下。

（1）在充分考虑运营企业和乘客利益的基础上，以综合费用最优为目标，建立了考虑客流时变特性的列车时刻表优化模型，并根据模型的特点，设计了基于仿真的两阶段遗传算法。在仿真过程中，将列车及站台容量作为强约束条件，并假定所有乘客遵循"先到先服务"的原则进站及乘车，其具体出行过程可以简单描述为：到站—排队进站—到达车站站台—排队候车—上车—下车—出站。在遗传算法的求解过程中，为提高求解效率，缩短可行初始解的搜索时长，提出了初始解备选集合生成方法，并以此为基础，给出了遗传算法的具体计算过程。

（2）以某城市轨道交通线路为例，应用列车时刻表优化模型及算法进行求解，确定了不同优化时间间隔 $\delta$ 下的最优列车时刻表。计算结果表明，改进的遗传算法具有较高的求解效率，优化结果在第 54 代后开始收敛；且优化方案能够有效平衡运营企业和乘客之间的利益。当 $\delta = 5s$、$10s$ 和 $30s$ 时，系统综合费用分别为 188714.93 元、189630.97 元和 192897.31 元，相较于均衡开行方案而言，分别降低了 10.03%、9.60% 和 8.04%。

（3）在算例分析的基础上，针对列车编组辆数、站台设计容量以及乘客时间价值进行灵敏度分析，主要结论及建议如下。

①当列车编组辆数为 2 辆时，不存在可行解；当列车编组辆数大于 2 辆时，随着列车编组辆数的增加，乘客等待总费用、运营总费用及综合费用均总体呈现上升趋势。这说明，"小编组、高密度"的城市轨道交通列车开行方案能够更好地平衡运营企业与乘客之间的利益，但过小的列车编组辆数容易导致运力不足的情况。

②当站台设计容量较大（大于或等于 1300 人）时，综合费用相对稳定；当站台设计容量较小（小于 1300 人）时，随着站台设计容量的减小，乘客等待总费用、运营总费用及综合费用呈现快速上升的趋势。这说明，过小的站台设计容量会严重制约城市轨道交通服务水平，还会导致运营总费用的增加，且站台设计容量越小，运营总费用及乘客等待总费用越高。

③随着乘客时间价值的增加，综合费用、乘客等待总费用、运营总费用以及开行列车数总体呈上升趋势。这说明，乘客时间价值对优化结果具有一定的影响，政府决策部门应根据城市社会经济发展水平，对城市轨道交通列车时刻表做出相应调整。

# 4　考虑乘客出发时间变化的列车时刻表优化方法研究

## 4.1　概述

面对不同服务水平的公共交通系统，乘客会表现出不同的出行行为特征。美国交通合作研究项目分报告（Transit Cooperative Research Program Report 100，TCRP Report 100）指出，当运输系统的有效发车间隔①小于 10 分钟时，乘客在其出行过程中基本不会关注该运输系统的具体开行时刻表；反之，当运输系统的有效发车间隔大于 10 分钟时，乘客会在参考详细开行时刻表的基础上，对其出行计划进行调整。

城市轨道交通系统属于大容量、高密度且停站方案基本一致的公共交通系统，其发车间隔一般不超过 10 分钟，且较少出现列车满载的现象，因此，乘客在出行过程中，很少关心城市轨道交通列车的具体到发时间，其出行行为可以描述为"随到随上车或等待列车到站"。然而，在一些大城市的早晚客流高峰时期，这种大容量、高密度的城市公共交通系统依然受到了严峻的挑战。城市居民的大规模集中涌入使站台滞留等待现象在城市轨道交通系统高峰时期频频出现，站台聚集人数快速攀升，为保证乘客乘车安全，部分城市甚至出台了高峰限流措施，如 2023 年北京、上海和广州地铁分别公布了 5 个、9 个②和 25

---

① 有效发车间隔（Effective Headway）是指乘客实际乘车过程中感受到的发车间隔，其充分考虑了乘客因车辆满载而引发的二次等待的现象，可通过线路的实际发车间隔乘以乘客平均候车辆数求得。

② 今日闵行．7 月 10 日早高峰，这些地铁站将限流［EB/OL］.（2023-07-09）［2024-12-20］. https：//sghexport. shobserver. com/html/baijiahao/2023/07/09/1070294. html.

个①常态化限流车站，且限流时段大多集中在早高峰。显然，在这种情况下，城市轨道交通系统的有效发车间隔将远远高于其实际发车间隔，乘客需根据列车时刻表及以往出行经验对出发时间进行调整，才能确保准时到达目的地。

　　本章以高峰期城市轨道交通线路为研究对象，分析并探讨了列车开行方案对乘客出发时间选择的影响，在此基础上，给出了考虑乘客出行效率的乘客出行总费用计算方法，并以列车在始发站的具体发车时间为决策变量，构建了城市轨道交通列车时刻表双层规划模型。上层以运营单位及乘客综合费用最小为目标，以列车发车间隔、补贴限制、列车容量限制等为约束条件，构建了列车时刻表优化模型，并设计采用遗传算法对其进行求解；下层以乘客出行总费用最小为目标，构建了考虑乘客出发时间选择的客流分配模型，采用连续平均求解算法对其进行求解。最后，以某算例线路为例，对模型及算法的有效性进行了验证。

## 4.2　列车开行方案对乘客出发时间选择的影响

　　客流时空分布是城市轨道交通规划与设计的重要参考，只有精准的客流预测结果才能有效支持列车时刻表优化、车站限流方案制定等工作的顺利开展。为此，国内外学者对公共交通系统内乘客出行选择行为及其出发时间分布规律展开了大量研究，并充分论证了列车开行方案对乘客出行选择行为的影响，如 Lam 等（1999）、田琼和黄海军（2004）、Cepeda 等（2006）、Tian 等（2007）、Schmöcker 等（2008）、Hamdouch 和 Lawphongpanich（2008）、Nuzzolo 等（2012）、Li 和 Zhu（2016）、Zhao 等（2017）、Si 等（2020）、Paulsen 等（2021）、Zhang 等（2023）、Cheng 等（2019）。

　　为了更加清晰地展示出列车开行方案对乘客出发时间选择的影响，本节采用朱宇婷等（2013）提出的方法，选用一条多起点、单讫点的城市轨道交

---

　　① 谭超．注意！3月起广州地铁新增这些常态化客控站点［EB/OL］．（2023-03-01）［2024-12-20］．https：//news. southcn. com/node_54a44f01a2/2804b1bedd. shtml.

通线路进行实验。实验线路如图 4-1 所示，车站 $O_1$、$O_2$、$O_3$、$O_4$、$O_5$ 和 $O_6$ 为起点站，乘客从这六个车站上车后，前往终点站 W，图中横线上的数字为列车区间运营时间（单位为 h）。其他相关参数设定：乘客终点站 W 的目标到达时刻均为 9：00；乘客时间价值为 20 元/h，早到时间惩罚为 10 元/h，晚到时间惩罚为 30 元/h；列车均匀发车，发车间隔为 0.1h；各站乘客出行需求为 900 人；列车最大容量为 330 人。

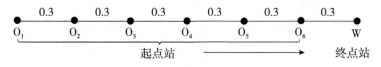

图 4-1　实验线路

采用文献（朱宇婷等，2013）提出的客流分配模型及求解算法对该算例线路进行配流，得到均衡状态下各站乘客到达分布结果，如图 4-2 所示。

从图 4-2 中可以发现，其乘客到达分布可分为以下三种类型。

（1）双峰型。该类到达规律出现在 $O_3$、$O_4$、$O_5$ 和 $O_6$ 四个车站，受列车容量的限制，这些车站的乘客准时到达目的地的机会较小，他们必须在早到或晚到中做出选择，从而在分布规律上呈现出两个明显的波峰，且随车站与终点站间距离的缩短，波峰间的距离增大。

（2）单峰型。该类到达规律出现在 $O_2$ 站，该站乘客虽未面临因满载而无法上车的情况，但受后续四个车站的影响，各次列车的拥挤度产生了不同程度的变化，从而影响该站乘客的出发时间选择，使其更加倾向于选择具有最佳到达时刻的列车。

（3）均峰型。该类到达规律出现在 $O_1$ 站，该站乘客不仅不受列车容量的影响，且在 $O_2$ 站的调节下，其感知到的列车拥挤度也无明显变化，因此，该站乘客没有明显的出行高峰。

为了更好地把握乘客出发时间的变化规律，本节进一步针对列车开行方案进行敏感性分析，即探讨列车发车间隔及其容量变化时，各站乘客到达分布规律的变化情况。具体实验结果如图 4-3 所示。

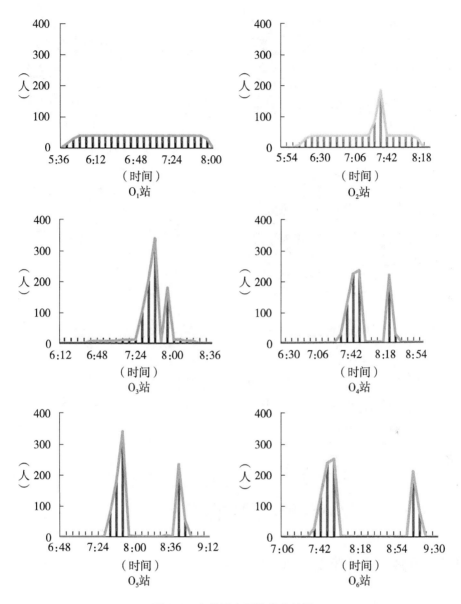

图4-2　各站乘客到达分布结果

从图4-3中可以发现，随着列车开行方案的优化（即发车间隔的减小及列车容量的增加），各站乘客到达分布规律由双峰型逐渐向单峰型过渡，最终向均峰型变化，且越靠近始发站的车站越早转向均峰型，越靠近终点站的车站越晚从双峰型过渡。这充分说明，列车开行方案对乘客出行分布具有显著影响。

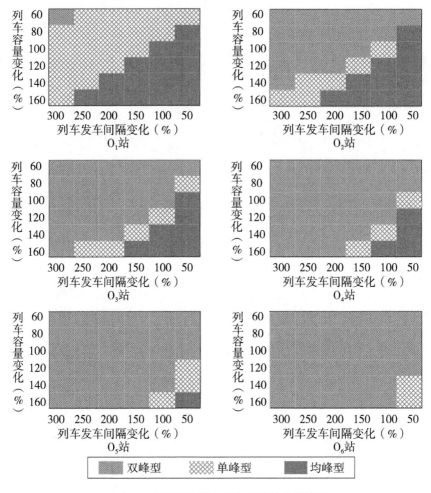

图 4-3　各站乘客到达分布规律的变化情况

## 4.3　问题描述及建模基础

### 4.3.1　问题描述

为了使建立的模型能够更加科学、合理地反映出本章研究的问题，本节具体对研究对象、OD 需求及研究时段进行分析。

#### 1. 研究对象

考虑一条城市轨道交通线路，全长为 $L$，共包含 $n$ 个车站，用 $N$ 表示城市轨道交通线路的车站集合。在始发站 1 的研究时段 $[T_b(1)，T_e(1)]$ 内共有 $K$ 次列车由该站发车，经由 2、3、…、$n-1$ 等车站，最终抵达终点站 $n$（如北京地铁亦庄线次渠至宋家庄方向、八通线土桥至四惠方向、13 号线霍营至西直门方向等）。多起点单讫点的城市轨道交通线路示意如图 4-4 所示，$AQ_i$ 和 $DQ_i$ 分别表示研究时段内，车站 $i$ 的出发及到达客流总量。

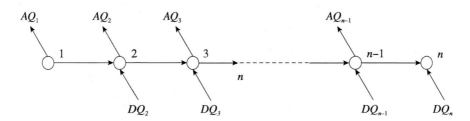

**图 4-4　多起点单讫点的城市轨道交通线路示意**

### 2. OD 需求

每天有确定数量的乘客采用城市轨道交通系统出行，并希望在期望到达时间区间内到达目标车站。为便于描述，本章将各 OD 对间的乘客按其目标车站的期望到达时间区间进行分组，令 $[t_{od}^-(g)，t_{od}^+(g)]$ 表示 OD 对 $od$ 间第 $g$ 组乘客的期望到达时间区间，令 $q_{o,d}(g)$ 表示 OD 对 $od$ 间第 $g$ 组乘客包含的总人数。表 4-1 给出了图 4-4 所示线路的 OD 需求矩阵示例。

表 4-1　　　　　　　　　　OD 需求矩阵示例

| 目标车站 | 2 | | | ··· | | $n$ | | | 出发客流总量 |
|---|---|---|---|---|---|---|---|---|---|
| 期望到达时间区间 | $[t_1，t_2]$ | $[t_3，t_4]$ | $[t_5，t_6]$ | ··· | ··· | $[t_1，t_2]$ | $[t_3，t_4]$ | ··· | |
| 组号 $g$ | 1 | 2 | 3 | ··· | ··· | 1 | 2 | ··· | |
| 起点站 1 | $q_{1,2}(1)$ | $q_{1,2}(2)$ | $q_{1,2}(3)$ | ··· | ··· | $q_{1,n}(1)$ | $q_{1,n}(2)$ | ··· | $AQ_1$ |
| 起点站 2 | — | — | — | ··· | ··· | $q_{2,n}(1)$ | $q_{2,n}(2)$ | ··· | $AQ_2$ |
| 起点站 ··· | ··· | ··· | ··· | ··· | ··· | ··· | ··· | ··· | ··· |
| 起点站 $n-1$ | — | — | — | ··· | ··· | $q_{n-1,n}(1)$ | $q_{n-1,n}(2)$ | ··· | $AQ_{n-1}$ |
| 到达客流总量 | $DQ_2$ | | | ··· | | $DQ_n$ | | | — |

### 3. 研究时段

对于乘客而言，相较于起点站的出发时间，其更加注重目标车站的到达时间。也就是说，乘客更加关注是否能乘坐上具有最佳到达时刻的列车。然而，列车需要花费一定的时间才能完成从一个车站到另一个车站的移动过程，使得具有同一目标车次的乘客在不同车站具有不同的最佳到达时间。为了使模型更加贴近实际，在本章的研究中，将对不同车站赋予不同的研究时段，且研究时段的差异为同一次列车不同车站的出发时间差。令 $[T_b(i), T_e(i)]$ 表示车站 $i$ 的研究时段，其确定方法与第 3 章（3.3.1 节）类似，本章不再详述。

同时，为了简化建模过程，本章借鉴 Newell（1993）提出的"时间坐标平移（Moving Time Coordinate）"的想法，提出了"等价时间"的概念，通过平移转化各车站的初始时间坐标，达到同步分析不同站点的乘客出行需求及列车运行规律的目的。本书令平移转化后各车站研究时段的起始时刻为 0 时刻，即有：

$$T_b'(1) = T_b'(2) = T_b'(3) = \cdots = T_b'(n-1) = T_b'(n) = 0 \tag{4-1}$$

则平移转化后各车站研究时段的终止时刻：

$$T_e'(i) = T_e(i) - T_b(i) = T, \quad \forall i \in N \tag{4-2}$$

各车站具体研究时刻 $t(i)$，可平移转化为研究时刻 $t'(i)$：

$$t'(i) = t(i) - T_b(i), \quad \forall i \in N, \quad \forall t(i) \in [T_b(i), T_e(i)] \tag{4-3}$$

显然，通过上述平移转化处理，各车站将具有相同的研究时段 $[0, T]$（$T = T_e'(i), \forall i \in N$）。以第 3 章的图 3-3 为例，给出列车时刻表的平移转化结果，如图 4-5 所示。

进一步对研究时段进行简化，即对平移转化后的研究时段 $[0, T]$ 进行离散化处理，将其分割为一系列等间隔的时间节点，有：

$$\Gamma = \{0, 1\delta, 2\delta, 3\delta, \cdots, (m-1)\delta, m\delta\}, \quad \forall m \in \mathbf{N}^* \tag{4-4}$$

式中，$\delta$ 表示时间间隔（即单位时长）；0 为起始时刻（0 时刻）；$m\delta$ 为终止时刻（$T$ 时刻）。

为简化描述，在后文叙述中省略 $\delta$，即有：

$$\Gamma = \{0, 1, 2, 3, \cdots, (m-1), m\}, \quad \forall m \in \mathbf{N}^* \tag{4-5}$$

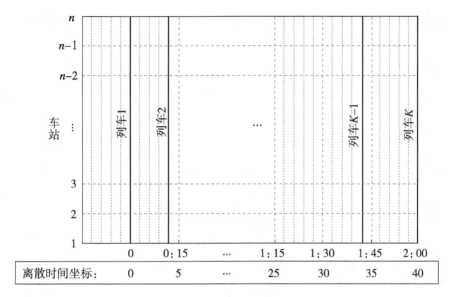

图 4-5  等价时刻表

若无特殊说明，本章后续内容中提到的时间节点均指进行平移、离散化操作后的时间节点，即有 $t \in \Gamma$；时间长度均指进行离散化操作后的时间长度。图 4-5 给出了离散时间坐标示例（$\delta = 180s$）。

## 4.3.2 网络结构抽象

列车时刻表不仅具有空间属性（列车在不同站点之间的地理位移），还具有时间属性（包括不同车次的发车时刻、列车在各站点的到达时刻等）。当城市轨道交通线路建成后，列车时刻表的空间属性将不再发生变化，因此，城市轨道交通列车时刻表优化设计应更加注重其时间属性。

时间拓展网络（Time-expanded Network）作为描述乘客出行时间特性的重要方法，已被广泛运用到客流分配模型中，如 Ahuja 等（1994）、Hamdouch 等（2011）均在相关研究中对目标网络进行了时间拓展。本章将时间拓展网络及图论中的有向图引入城市轨道交通列车开行方案优化中，将城市轨道交通实际站点抽象为一系列带时间属性的虚拟站点，并通过下标的形式表现出来，如节点 $i_t$ 代表 $t$ 时刻的车站 $i$。然后，通过列车运行弧及乘客等待弧对各虚拟站点进行连接，同时通过乘客走行弧将乘客出行的起、终点与各虚拟站点进行连接。在图 4-4 的基础上，城市轨道交通线路的时间拓展网络示意如图 4-6 所示。

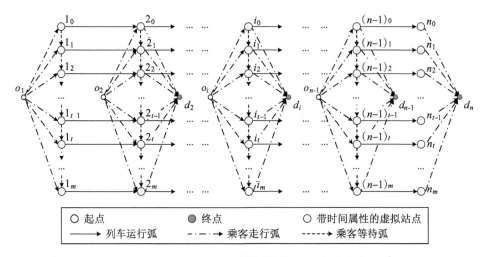

**图 4-6　城市轨道交通线路的时间拓展网络示意**

图 4-6 所示的时间拓展网络可以采用有向图 $G = (V, E)$ 表示。其中，$V$ 为节点集合，包含乘客出行起点集合 $O(O = \{o_i \mid i \in N\})$、出行终点集合 $D(D = \{d_i \mid i \in N\})$ 以及虚拟站点集合 $N'(N' = \{i_t \mid i \in N, t \in \Gamma\})$，$V = O \cup D \cup N'$。$E$ 为弧集合，包含列车运行弧 $E_{\text{run}}(E_{\text{run}} = \{(i_t, j_t) \mid i, j \in N, t \in \Gamma\})$、乘客等待弧 $E_{\text{wait}}(E_{\text{wait}} = \{(i_t, i_{t+1}) \mid i \in N, t \in \Gamma\})$ 及乘客走行弧 $E_{\text{walk}}(E_{\text{walk}} = \{(o_i, i_t) \mid o \in O, i \in N, t \in \Gamma\} \cup \{(i_t, d_i) \mid i \in N, d \in D, t \in \Gamma\})$，$E = E_{\text{run}} \cup E_{\text{wait}} \cup E_{\text{walk}}$。

### 4.3.3　基本假设及变量定义

**1. 基本假设**

为简化问题，本章提出基本假设。

（1）需求的确定性。假设研究线路上各 OD 对详细客流需求已知且相对稳定。

（2）运行条件的确定性。假设研究线路上列车运行速度恒定，即线路上所有开行列车在同一区间内具有相同的运行时间。

（3）容量的确定性。假设所有列车的编组数量一致，即具有相同的载客能力；且列车运行过程中不允许出现在车人数超过列车最大载客能力的情况，当在车人数达到列车最大容量时，车站剩余乘客将无法搭乘该次列车，而需排队等待下次列车。同时，为简化计算，本章不考虑站台容量及通道等地的容量，即假设乘客走行弧及乘客等待弧的容量无穷大。

（4）信息的完整性。假设所有乘客熟知城市轨道交通所有列车的到发时刻。

（5）乘客的同质性。实际生活中，每个人都具有不同的出行选择偏好，为简化求解难度，本章假设所有乘客具有相同的时间价值、感知相同的拥挤度及使用相同的惩罚/收益系数；同时，假定各 OD 对内具有相同期望到达时间区间的乘客具有相同的最佳到达时刻。

（6）服务有序性。假设乘客严格按照"先到先服务"的原则排队乘车。

（7）不考虑乘客的站外走行时间。

### 2. 变量定义

为描述城市轨道交通列车开行方案优化模型，定义变量如下。

$L$ ——城市轨道交通线路全长；

$R_i$ ——区间 $[i, i+1]$ 内的列车运行时间；

$b$ ——列车编组辆数；

$CA$ ——城市轨道交通车辆额定载客数；

$CS$ ——城市轨道交通车辆座位数；

$\theta$ ——最大载客率；

$v$ ——城市轨道交通票价；

$g$ ——乘客分组索引；

$G_{od}$ ——OD 对 $od$ 间乘客分组集合；

$t_{od}^-(g)$ ——OD 对 $od$ 间第 $g$ 组乘客可以接受的最早到达时刻；

$t_{od}^+(g)$ ——OD 对 $od$ 间第 $g$ 组乘客可以接受的最晚到达时刻;

$t_{od}^0(g)$ ——OD 对 $od$ 间第 $g$ 组乘客的最佳到达时刻, $t_{od}^0(g) \in [t_{od}^-(g)$, $t_{od}^+(g)]$;

$t_{od}^e(g)$ ——OD 对 $od$ 间第 $g$ 组乘客的期望最晚出发时刻;

$q_{o,d}(g)$ ——研究时段内, OD 对 $od$ 间第 $g$ 组乘客包含的总人数;

$AQ_i$ ——研究时段内, 从起始点 $o_i(o_i \in O)$ 出发的全部客流量;

$DQ_i$ ——研究时段内, 到达终止点 $d_i(d_i \in D)$ 的全部客流量;

$CO$ ——线路运营补贴额度;

$F$ ——城市轨道交通运营单位最低收益要求;

$c_{i,j}$ ——相邻节点 $i$、$j$ 间的出行时耗 (以 $\delta$ 为单位时长), 当 $i$、$j \in N'$ 且分别对应于车站 $i'$ 及 $i'+1$ 时, $c_{i,j}$ 表示区间 $[i', i'+1]$ 内的列车运营时耗, 则 $c_{i,j} = R_i{}'$, 当 $i$、$j \in N'$ 且对应于同一车站时, $c_{i,j}$ 表示乘客站台等待时间, 即节点 $i$ 及 $j$ 间的时间差, 当 $i \in O$ 或 $j \in D$ 时, $c_{i,j}$ 表示乘客站外走行时间, 根据基本假设 (7), 则 $c_{i,j} = 0$;

$k$ ——乘客出行路径;

$K$ ——所有路径集合, $k \in K$;

$K_{(o,d,g)}^t$ ——OD 对 $od$ 间第 $g$ 组选择 $t$ 时刻出发的乘客的实际出行路径集合;

$h_{\max}$ ——列车发车间隔上限;

$h_{\min}$ ——列车发车间隔下限;

$x_t$ ——0-1 变量, 当 $t$ 时刻有列车从始发站发车时取值为 1, 否则为 0;

$X$ ——0-1 变量 $x_t$ 组成的开行方案集合, $X = \{x_1, x_2, \cdots, x_m\}$;

$f_{ij}$ ——弧 $(i,j)$ 上的客流量;

$y_{(o,d,g)}^t$ ——OD 对 $od$ 间第 $g$ 组乘客中选择 $t$ 时刻出发的人数;

$Y$ ——由 $y_{(o,d,g)}^t$ 组成的向量, $Y = (y_{(1,1,1)}^1, y_{(1,1,2)}^1, \cdots, y_{(1,1,1)}^2, \cdots)$;

$\gamma$ ——可行向量 $Y$ 组成的集合;

$C(Y)$ ——和向量 $Y$ 一一对应的费用向量;

$\pi_{(o,d,g,t)}^k$ ——OD 对 $od$ 间第 $g$ 组选择 $t$ 时刻出发的乘客实际通过第

$k(k \in K^t_{(o, d, g)})$ 条路径的人数；

$\phi^{k, (i, j)}_{(o, d, g, t)}$——路段与路径的关联变量，若弧 $(i, j)$ 在 OD 对 $od$ 间第 $g$ 组选择 $t$ 时刻出发的乘客的实际路径 $k$（$k \in K^t_{(o, d, g)}$）上，则 $\phi^{k, (i, j)}_{(o, d, g, t)} = 1$，否则 $\phi^{k, (i, j)}_{(o, d, g, t)} = 0$；

$\alpha$——单位车辆时间的车辆购置费用；

$\beta$——单位车辆走行公里的换算费用；

$\gamma_1$、$\gamma_2$——拥挤系数；

$\eta_1$——乘客早到时间惩罚系数；

$\eta_2$——乘客早到时间收益系数；

$\eta_3$——乘客晚到时间惩罚系数；

$\eta_4$——乘客晚到时间收益系数；

$\eta_5$——乘客早出发惩罚系数；

$\eta_6$——乘客在车时间价值；

$\eta_7$——乘客候车时间价值；

$S_{i, j}$——弧 $(i, j)$ 的容量，当弧 $(i, j) \in E_{run}$ 且其所属时刻有列车从始发站发车时，$S_{i, j} = b \cdot CA \cdot \theta$，否则，$S_{i, j} = 0$，又根据基本假设（3），当弧 $(i, j) \in E_{walk}$ 或弧 $(i, j) \in E_{wait}$ 时，$S_{i, j} = \infty$；

$\omega^k_{(o, d, g)}$——OD 对 $od$ 间第 $g$ 组乘客通过路径 $k$ 的费用；

$W^t_{(o, d, g)}$——OD 对 $od$ 间第 $g$ 组所有乘客在 $t$ 时刻出发的费用；

$H_F$——首班车时间约束节点；

$H_L$——末班车时间约束节点。

## 4.4 双层规划模型

与传统的单层规划方法相比，双层规划方法具有不可比拟的优势（孙会君和高自友，2003）。其主要表现为：一是其可以同时分析两个不同、甚至相互矛盾的目标；二是双层规划多价值准则的决策方法更接近实际情况；三是其可以明确表示决策部门和广大消费者之间的相互作用。

客流高峰期的列车时刻表涉及运营单位和乘客两类决策主体，这两类决策主体相互博弈、相互影响、相互制约。具体分析如下。

（1）运营单位和乘客的需求存在一定的矛盾。运营单位总是希望在投入最小资源的情况下，尽可能满足乘客出行需求；而乘客则总是希望运营单位能够投入更多的资源，以提高其出行效率、减小其出行费用。

（2）列车时刻表与乘客出行需求之间相互影响、相互反馈。运营单位需要根据乘客出行需求（包括具体的出发时间、客流总量等），制定合理的列车时刻表，在保证运营支出的情况下，尽可能匹配乘客出行需求，提高乘客出行满意度。就乘客而言，由于城市轨道交通单次列车的运力有限，为在理想时段内到达目的地，部分乘客将面临出发时间选择的问题，即通过比选不同出发时间带来的出行费用，在结合自身行为习惯及需求特点的基础上，选择其认为具有最大出行效益的出发时间；而运营单位制定的列车时刻表是乘客进行出发时间选择的基础，不同的列车时刻表意味着乘客将拥有不同的出行方案备选集合，从而直接影响乘客出发时间的选择结果，最终在时间层面上，呈现出不同的乘客出行需求。

显然，客流高峰期的列车时刻表优化问题相对复杂，仅用单层规划方法难以有效地描述运营单位和乘客之间的相互作用。因此，本章拟采用双层规划方法对该问题进行建模求解。

上层模型为列车时刻表优化模型，通过调整列车在始发站的具体发车时间，在综合考虑列车发车间隔、补贴限制、列车容量限制等约束条件的前提下，使运营单位及乘客综合费用最小；下层模型为客流分配模型，用以描述给定列车时刻表下的乘客出发时间选择问题，为上层模型的求解提供依据。

## 4.4.1 列车时刻表优化模型

### 1. 目标函数

上层模型以制定城市轨道交通列车时刻表时涉及的运营单位和乘客综合费用最小为目标。

（1）运营单位。

与第 3 章类似，本章中的运营成本主要指研究时段内的列车购置费用及列车走行公里换算费用。研究时段内的列车购置费用可由式（4-6）计算得到：

$$z_1 = \alpha \cdot \sum_{i=1}^{n-1} bR_i \cdot \sum_{t=0}^{m} x_t \tag{4-6}$$

研究时段内的列车走行公里换算费用可由式（4-7）计算得到：

$$z_2 = \beta \cdot b \cdot L \cdot \sum_{t=0}^{m} x_t \tag{4-7}$$

（2）乘客。

乘客在出行过程中总是希望出行费用越小越好。一般而言，乘客出行费用包括时间费用和货币费用两部分。货币费用指乘客出行过程中所支付的票价。时间费用指乘客出行过程中感知到的时间消耗，根据前文的相关描述可知，时间费用在一定程度上反映了乘客出行效率，且二者呈负相关关系，即时间费用越高，乘客出行效率越低，反之，时间费用越低，乘客出行效率越高。

为了便于建模，本章拟通过时间价值系数，将时间费用转化为广义时间费用进行计算，即将时间费用转化为货币费用代入优化模型中。显然，时间费用与广义时间费用呈正相关关系，因而，广义时间费用与乘客出行效率也呈负相关关系。根据王永亮等（2012）、Hamdouch 和 Lawphongpanich（2008）给出的相关费用指标，本章认定广义时间费用主要包括早到/晚到惩罚、早出发惩罚、乘车时间换算费用（涉及拥挤引发的乘车时间感知偏差，即拥挤惩罚）以及候车时间换算费用。

早到/晚到惩罚是指，乘客在期望到达时间区间外到达目的地所产生的惩罚费用。根据 Jou 等（2008）的研究发现，当出行乘客在"可以接受的最早到达时刻"和"可以接受的最晚到达时刻"间到达目的地时，其均感知"收益"，反之，感知"损失"；同时，当出行乘客在"最佳到达时刻"到达目的地时，乘客获得的"收益"最大。OD 对 $od$ 间第 $g$ 组乘客在 $t$ 时刻到达目的地 $d$ 的早到/晚到惩罚可表示为：

$$p^t_{(o,\,d,\,g)} = \begin{cases} \eta_1 \cdot (t^-_{od}(g) - t), & t < t^-_{od}(g) \\ -\eta_2 \cdot (t - t^-_{od}(g)), & t^-_{od}(g) \leqslant t < t^0_{od}(g) \\ -\eta_3 \cdot (t^+_{od}(g) - t), & t^0_{od}(g) \leqslant t < t^+_{od}(g) \\ \eta_4 \cdot (t - t^+_{od}(g)), & t \geqslant t^+_{od}(g) \end{cases} \qquad (4-8)$$

早出发惩罚是指，乘客在"可以接受的最早出发时刻"之前出发所产生的惩罚费用。OD 对 $od$ 间第 $g$ 组乘客在 $t$ 时刻出发的早出发惩罚可表示为（Nguyen 等，2001）：

$$\bar{p}^t_{(o,\,d,\,g)} = \begin{cases} \eta_5 \cdot (t^e_{od}(g) - t), & t < t^e_{od}(g) \\ 0, & t \geqslant t^e_{od}(g) \end{cases} \qquad (4-9)$$

需要说明的是，乘客的早到/晚到惩罚及早出发惩罚分别发生在乘客到达目的地及从起点出发的瞬间，即属于节点费用，为便于计算，本章将所有节点费用设置为 0，并将上述两个惩罚合并到乘客走行弧的费用中，又根据基本假设（7）将乘客的站外走行时间设为 0，则乘客走行弧的费用仅包含乘客的早到/晚到惩罚或早出发惩罚。乘客走行弧的费用：

$$\begin{cases} C^{(o_i,\,d,\,g)}_{o_i,\,i_t} = \bar{p}^t_{(o_i,\,d,\,g)}, & \forall o_i \in O,\ d \in D,\ i_t \in N' \\ C^{(o,\,d_i,\,g)}_{i_t,\,d_i} = p^t_{(o,\,d_i,\,g)}, & \forall o \in O,\ d_i \in D,\ i_t \in N' \end{cases} \qquad (4-10)$$

拥挤惩罚是指乘客在出行过程中因车内拥挤而产生的感知偏差。一般而言，乘客的实际乘车时间是指乘客从起点站乘坐列车出发并前往目的地的过程中，列车经过沿途各区间及车站所消耗的时间，即为列车运行时间和列车停站时间之和。然而，在乘客的出行过程中，车内拥挤将会使乘客感知到的乘车时间与实际乘车时间产生一定的差异。刘剑锋（2012）在其论文中指出，乘客在其出行过程中承受的车内拥挤度越大，乘客的拥挤感知费用越大，反之，车内拥挤度越小，乘客的拥挤感知费用越小。因此，可以假定，当乘客数量少于列车座位数时，即每位乘客都可以坐着，乘车拥挤度为零；当乘客数量超过列车最大载客量时，每位乘客都要付出较大的由于拥挤而产生的额外费用；而当乘客数量介于两者之间时，认为其为一般拥挤。基于此，给出

弧 $(i_t, j_t)$ 上的拥挤度函数为:

$$\hat{p}_{i_t, j_t} = \begin{cases} \infty & , \quad (i_t, j_t) \in E_{\text{run}}, \ S_{i_t, j_t} = 0 \\ \gamma_1 \cdot \dfrac{f_{i_t, j_t} - b \cdot CS}{b \cdot CS} & , \quad (i_t, j_t) \in E_{\text{run}}, \ S_{i_t, j_t} > 0, \ b \cdot CS < f_{i_t, j_t} \leqslant b \cdot CA \\ \gamma_1 \cdot \dfrac{f_{i_t, j_t} - b \cdot CS}{b \cdot CS} + \gamma_2 \cdot \dfrac{f_{i_t, j_t} - b \cdot CA}{b \cdot CA} & , \quad (i_t, j_t) \in E_{\text{run}}, \ S_{i_t, j_t} > 0, \ b \cdot CA < f_{i_t, j_t} \\ 0 & , \quad \text{else} \end{cases}$$

$$(4\text{-}11)$$

乘客经过弧 $(i_t, j_t)$ 的感知时间:

$$c'_{i_t, j_t} = c_{i_t, j_t} \cdot (1 + \hat{p}_{i_t, j_t}), \quad \forall (i_t, j_t) \in E_{\text{run}} \qquad (4\text{-}12)$$

OD 对 $od$ 间第 $g$ 组乘客通过路径 $k$ 的费用:

$$\omega^k_{(o, d, g)} = \upsilon + \sum_{(i_t, j_t) \in k} \eta_6 \cdot c'_{i_t, j_t} + \sum_{(o, i_t) \in k} C^{(o, d, g)}_{o, i_t} + \sum_{(i_t, d) \in k} C^{(o, d, g)}_{i_t, d} + \sum_{(i_t, i_{t+1}) \in k} \eta_7$$

$$(4\text{-}13)$$

OD 对 $od$ 间第 $g$ 组所有乘客在 $t$ 时刻出发的费用:

$$W^t_{(o, d, g)} = \sum_{k \in K^t_{(o, d, g, t)}} \pi^k_{(o, d, g, t)} \omega^k_{(o, d, g)} \qquad (4\text{-}14)$$

因此,研究时段的乘客出行总费用:

$$z_3 = \sum_o \sum_d \sum_g \sum_t W^t_{(o, d, g)} \qquad (4\text{-}15)$$

**2. 上层优化模型**

基于上述分析,建立上层优化模型如下:

$$\min Z_U = \lambda_1 \cdot (z_1 + z_2) + \lambda_2 \cdot z_3 \qquad (4\text{-}16)$$

$$\text{s.t.} \sum_{t \in [t_1, t_2]} x_t \leqslant 1, \ t_2 = t_1 + h_{\min} + 1 \qquad (4\text{-}17)$$

$$\sum_{t \in [t_1, t_2]} x_t \geqslant 1, \ t_2 = t_1 + h_{\max} + 1 \qquad (4\text{-}18)$$

$$\sum_{t \in [0, H_F]} x_t \geqslant 1 \qquad (4\text{-}19)$$

$$\sum_{t \in [H_L, m]} x_t \geqslant 1 \qquad (4\text{-}20)$$

$$\upsilon \cdot \sum_o \sum_d \sum_g q_{o, d}(g) + CO - (z_1 + z_2) \geqslant F \qquad (4\text{-}21)$$

$$\sum_{t \in [0, m]} x_t \cdot b \cdot CA \cdot \theta \geq \sum_{j=1}^{i} AQ_j - \sum_{j=1}^{i} DQ_j, \quad \forall i = 1, 2, \cdots, n-1$$

$$\tag{4-22}$$

$$x_t \in \{0, 1\} \tag{4-23}$$

式（4-16）表示乘客和运营单位综合费用最小，其中，$\lambda_1$、$\lambda_2$ 为权值系数，其体现了决策者的决策偏好，并满足 $\lambda_1 + \lambda_2 = 1$。式（4-17）为安全性约束，即任意两列车之间的发车间隔应不小于最小发车间隔。式（4-18）为服务水平约束，即城市轨道交通线路发车间隔不应大于某一确定值。式（4-19）为首班车发车时间约束，即 $H_F$ 时刻前至少需要安排一列列车发车。式（4-20）为末班车发车时间约束，即 $H_L$ 时刻后至少需要安排一列列车发车。式（4-21）保证在给定政府补贴下，城市轨道交通具有一定水平的收益。式（4-22）为运输供给约束，即各区间运营能力不得小于各区间出行需求。式（4-23）表示 0-1 变量的逻辑约束。

### 4.4.2 客流分配模型

#### 1. 数学模型

城市轨道交通客流分配结果是乘客路径选择的聚集结果（四兵锋等，2007）。乘客总是希望选择出行费用最小的时刻出发，然而随着选择某出发时刻的乘客数量增加，乘客站台滞留等待时间及出行拥挤程度增加，从而导致出行费用上升，进而促使乘客重新进行选择。因此，城市轨道交通客流出发时间分布是一种相互反馈的动态平衡机制。根据 Wardrop 第一原理，其平衡状态可描述为：在 OD 对 *od* 间第 *g* 组乘客所有可供选择的出发时间中，乘客所选择的各出发时间的出行费用全都相等，且不大于未被选择的出发时间的出行费用，即寻找 $Y^*$（$Y^* \in \gamma$）满足以下变分不等式：

$$C(Y^*)^{\mathrm{T}}(Y - Y^*) \geq 0, \quad \forall Y \in \gamma \tag{4-24}$$

同时，要求时间拓展网络中各 OD 对流量、路段流量以及路径流量满足下述约束条件：

$$(1 - x_t) \cdot \sum_{(i_t, j_t) \in E_{\mathrm{run}}} f_{i_t j_t} = 0, \quad \forall i, j \in N, t \in [0, m] \tag{4-25}$$

$$f_{ij} = \sum_{o \in O} \sum_{d \in D} \sum_{g \in G_{od}} \sum_{t \in [0, m]} \sum_{k \in K^t_{(o, d, g)}} \pi^k_{(o, d, g, t)} \cdot \phi^{k, (i, j)}_{(o, d, g, t)}, \quad \forall i, j \in N$$

$$(4\text{-}26)$$

$$q_{o, d}(g) = \sum_{t \in [0, m]} y^t_{(o, d, g)}, \quad \forall o \in O, d \in D, g \in G_{od} \qquad (4\text{-}27)$$

$$y^t_{(o, d, g)} = \sum_{k \in K^t_{(o, d, g)}} \pi^k_{(o, d, g, t)}, \quad \forall o \in O, d \in D, g \in G_{od}, t \in [0, m]$$

$$(4\text{-}28)$$

$$f_{ij} \leqslant S_{i, j}, \quad \forall i, j \in N \qquad (4\text{-}29)$$

$$y^t_{(o, d, g)} \geqslant 0, \quad \forall o \in O, d \in D, g \in G_{od}, t \in [0, m] \qquad (4\text{-}30)$$

$$\pi^k_{(o, d, g, t)} \geqslant 0, \quad \forall o \in O, d \in D, g \in G_{od}, t \in [0, m], k \in K^t_{(o, d, g)}$$

$$(4\text{-}31)$$

$$f_{ij} \geqslant 0, \quad \forall i, j \in N \qquad (4\text{-}32)$$

式（4-25）保证了列车运行弧的流量合理性，即当 $t$ 时刻没有列车发车时，与之相对应的列车运行弧上的流量为 0。式（4-26）决定了路段与路径之间的相关关系。式（4-27）决定了 OD 需求与不同时刻出发的客流量之间的关联关系。式（4-28）决定了乘客实际走行路径的客流量和不同时刻出发的客流量之间的相关关系。式（4-29）为容量约束，保证各路段的实际客流需求不超过路段能力。式（4-30）、式（4-31）及式（4-32）为非负约束，保证不同时刻出发的客流量、所有路径流量以及所有路段流量为非负值。

### 2. 客流分配求解过程

在乘客出发时间选择方面，下层模型能够充分考虑个体乘客出发时间选择之间的相互影响。Hamdouch 和 Lawphongpanich（2008）给出了下层模型存在可行解的相关证明，并提出了连续平均求解算法（Method of Successive Averages），对模型进行求解。

本章在 Hamdouch 和 Lawphongpanich（2008）的基础上，设计求解算法如下。

步骤 1：令 $\mathbf{Y}^{[0]} = 0$，计算 $C(\mathbf{Y}^{[0]})$。为每组出行需求 $(o, d, g)$ 选择具

有最小出行费用的出发时刻 $t^*[0]$ 作为其初始方案，令 $y_{(o,d,g)}^{t^*[0]} = q_{o,d}(g)$，$Y^{[0]}$ 为 $y_{(o,d,g)}^{t^*[0]}$ 组成的向量。

步骤 2：设置迭代次数，$\sigma = 1$。

步骤 3：计算 $C(Y^{[\sigma-1]})$。重新为每组出行需求 $(o,d,g)$ 选择具有最小出行费用的出发时刻 $t^*[\sigma]$，并赋值 $y_{(o,d,g)}^{t^*[\sigma]} = q_{o,d}(g)$，$Y'$ 为 $y_{(o,d,g)}^{t^*[\sigma]}$ 组成的向量。

步骤 4：收敛判断。根据式（4-33）计算迭代精度。

$$Converging = \frac{C(Y^{[\sigma-1]})^{\mathrm{T}}(Y^{[\sigma-1]} - Y')}{C(Y^{[\sigma-1]})^{\mathrm{T}}Y^{[\sigma-1]}} \tag{4-33}$$

若 $Converging \leqslant \varepsilon$，则客流分配结果满足收敛条件，转步骤5；否则，令 $Y^{[\sigma]} = (\sigma Y^{[\sigma-1]} + Y')/(\sigma + 1)$，$\sigma = \sigma + 1$，并返回步骤3。

步骤 5：计算结束，记录平衡状态下的客流分配结果 $y_{(o,d,g)}^t$、出行需求 $(o,d,g)$，以及在客流分配结果 $y_{(o,d,g)}^t$ 下的实际出行情况 $\pi_{(o,d,g,t)}^k$ 以及出行费用 $W_{(o,d,g)}^t$。

需要说明的是，$C(Y)$ 的计算是求解客流分配模型的关键。由于在计算 $C(Y)$ 前，列车时刻表 $x_t$ 及客流分配结果 $y_{(o,d,g)}^t$ 均作为已知量进行输入，因此，可采用第3章（3.4.1节）的求解方法进行求解，本章不再详述。

## 4.4.3 求解算法设计

双层规划问题是一类具有双层递阶结构的系统优化问题，其属于非凸规划问题，且一般不可微。Hansen 等（1992）在其研究中指出，双层线性规划问题属于强 NP 难问题。Vicente 等（1994）进一步指出寻找双层线性规划问题的局部最优解仍属于 NP 难问题。本章提出的双层规划问题属于非线性双层规划问题，相较于双层线性规划问题，其全局最优解的求解更加困难（Gao 等，2005；Chiou，2005）。

遗传算法是一种模仿生物进化机制的全局随机搜索及优化算法。其不受目标函数凹凸性、可微性、连续性等特性的限制，在全局范围内进行随机搜索，并能够在有限的时间内，求得较好的全局最优解。与传统优化方法相比，尤其对大型复杂优化问题及双层规划问题进行求解时，遗传算法展现出其独特的优越性（Yin，2000）。因此，本章采用遗传算法对提出的双层规划模型进行求解，计算流程如下。

（1）问题分析，确定各层模型的决策变量及输出参数。上层模型以乘客和运营单位综合费用 $Z_U$ 最小为目标，寻找最优的开行方案 $X^*$；下层模型以开行方案 $X$ 为输入变量，通过均衡配流，得到乘客出发时间方案集合 $Y$。

（2）染色体编码。本章采用二进制编码方式对染色体进行编码。由于决策变量 $x_t$ 本身为 0-1 变量，其可直接作为染色体基因，因此，本章染色体可直接表示为 $(x_1，x_2，\cdots，x_m)$，其长度等于 $m$。

（3）初始化。给定种群规模 $pop\_size$，交叉概率 $p_c$，变异概率 $p_m$，最大进化代数 $max\_generation$ 等。设置进化代数，$generation = 1$。

（4）初始种群生成。受约束条件（4-17）至（4-20）的限制，开行方案 $X$ 的可行解空间相对有限，随机生成的开行方案很容易出现发车间隔过小或者过大的情况，因此，在初始种群生成阶段，将会花费较多的运算时间。为减少该运算时间，本章采取分步生成的方法产生初始种群，初始染色体产生方法如下。

步骤 1：令 $\vartheta_1 = 1$，$\vartheta_2 = H_F$。

步骤 2：从染色体的第 $\vartheta_1$ 至 $\vartheta_2$ 个基因位置中随机选择某基因位置 $a$，并将 $x_a$ 赋值为 1，将第 $\vartheta_1$ 至 $a - 1$ 个基因赋值为 0。

步骤 3：若 $a + h_{min} > m$，则结束，否则转步骤 4。

步骤 4：令 $\vartheta_1 = a + h_{min}$，$\vartheta_2 = \min\{a + h_{max}，m\}$，转步骤 2。

（5）适应度计算。选择目标函数（4-16）作为适应度函数，以下层模型得到的客流分配结果为基础，对各染色体的适应度函数值进行计算。

（6）遗传操作。采用轮盘赌的方式选出子代染色体种群；采用单点交叉法对子代染色体进行交叉，产生新的子代染色体；采用均衡变异法对子代染色体进行变异，产生新的子代染色体。具体求解流程与第 3 章（3.4.2 节）类似，本章不再详述。

（7）结束判断。当 $generation = max\_generation$ 时，计算结束，输出最优解；否则，设置进化代数，$generation = generation + 1$。

## 4.5 算例

为验证城市轨道交通列车时刻表双层规划模型及其求解算法的有效性，本章以某城市轨道交通线路为例，进行列车时刻表的优化与设计。

### 4.5.1 算例设计

该算例线路全长 25km，共包含 7 个车站，列车由始发站 1 发车，经由车站 2、3、…、6，最终抵达终点站 7。线路站间运行时间相同，均为 8min。在各站研究时段内，均有 2700 名乘客从车站 1、2、3、4、5 及 6 出发，前往车站 7，即 $q_{i,7}(1)=2700$，$\forall i=1,2,3,4,5,6$；所有出行乘客的期望到达时刻均为 8：00，且有 $t_{i7}^-(1)=t_{i7}^+(1)=t_{i7}^0(1)$；同时，所有乘客在最佳出发时间前出发均要支付早出发惩罚。要求首班车发车时间不得晚于 6：25；末班车发车时间不得早于 7：35。表 4-2 给出了各站具体的研究时间区间，表 4-3 给出了算例参数取值。

表 4-2　　　　　　　　　各站研究时间区间

| 车站 | 研究时间区间 |
|---|---|
| 车站 1 | ［6：12，7：42］ |
| 车站 2 | ［6：20，7：50］ |
| 车站 3 | ［6：28，7：58］ |
| 车站 4 | ［6：36，8：06］ |
| 车站 5 | ［6：44，8：14］ |
| 车站 6 | ［6：52，8：22］ |
| 车站 7 | ［7：00，8：30］ |

表 4-3　　　　　　　　　算例参数取值

| 参数 | 含义 | 取值 | 单位 |
|---|---|---|---|
| $\delta$ | 离散时间间隔 | 1 | min |

| 参数 | 含义 | 取值 | 单位 |
|---|---|---|---|
| $[0, m]$ | 列车时刻表平移转化后的研究时间区间 | $[0, 90]$ | — |
| $\upsilon$ | 城市轨道交通票价 | 2 | 元 |
| $b$ | 列车编组辆数 | 6 | 辆 |
| $CS$ | 车辆座位数 | 42 | 人/辆 |
| $CA$ | 车辆额定载客数 | 245 | 人/辆 |
| $\theta$ | 最大载客率 | 115 | % |
| $CO$ | 线路运营补贴额度 | 60000 | 元/h |
| $F$ | 运营单位最低收益要求 | 3000 | 元 |
| $h_{max}$ | 列车发车间隔上限 | 12 | min |
| $h_{min}$ | 列车发车间隔下限 | 3 | min |
| $\alpha$ | 单位车辆时间的车辆购置费用 | 6 | 元/（辆·min） |
| $\beta$ | 单位车辆走行公里的换算费用 | 30 | 元/（辆·km） |
| $\eta_1$ | 乘客早到时间惩罚系数 | 10 | 元/h |
| $\eta_2$ | 乘客早到时间收益系数 | 0 | 元/h |
| $\eta_3$ | 乘客晚到时间惩罚系数 | 30 | 元/h |
| $\eta_4$ | 乘客晚到时间收益系数 | 0 | 元/h |
| $\eta_5$ | 乘客早出发惩罚系数 | 5 | 元/h |
| $\eta_6$ | 乘客在车时间价值 | 20 | 元/h |
| $\eta_7$ | 乘客候车时间价值 | 25 | 元/h |
| $\gamma_1$ | 拥挤系数1 | 0.1 | — |
| $\gamma_2$ | 拥挤系数2 | 0.3 | — |
| $H_F$ | 列车时刻表转化后的首班车时间约束节点 | 10 | — |
| $H_L$ | 列车时刻表转化后的末班车时间约束节点 | 85 | — |
| $\lambda_1$ | 权值系数1 | 0.5 | — |
| $\lambda_2$ | 权值系数2 | 0.5 | — |

## 4.5.2 算例结果分析

根据 4.5.1 节提出的基本算例参数，结合 4.4.3 节提出的遗传算法及 4.4.2 节阐述的客流分配模型及其相关求解过程。其中，遗传算法的各项参数取值如表 4-4 所示。

表 4-4 遗传算法参数取值

| 参数 | 含义 | 取值 |
|---|---|---|
| $pop\_size$ | 种群规模 | 40 |
| $max\_generation$ | 最大进化代数 | 70 |
| $p_c$ | 交叉概率 | 0.9 |
| $p_m$ | 变异概率 | 0.2 |

通过 MATLAB 2010b 编程实现模型的具体求解过程，并采用联想个人电脑（Intel Celeron CPU G1620 2.70GHz，RAM 2.00G）进行测算。结果表明，遗传算法能够有效求解本章提出的开行方案优化模型，并在 50 代后开始收敛，具体收敛情况如图 4-7 所示。

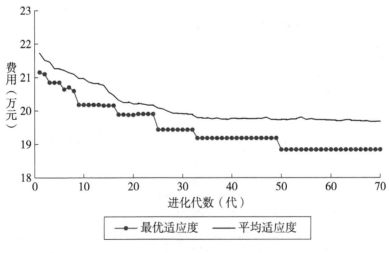

图 4-7 算法收敛过程

算例线路最优列车时刻表如图 4-8 所示，该列车时刻表对应的各站乘客到达分布情况如图 4-9 所示，乘客和运营单位综合费用（以下简称综合费用）$Z_U = 188448$ 元，乘客出行总费用 $z_3 = 283477$ 元，列车购置费用 $z_1 = 25920$ 元，列车走行公里换算费用 $z_2 = 67500$ 元。

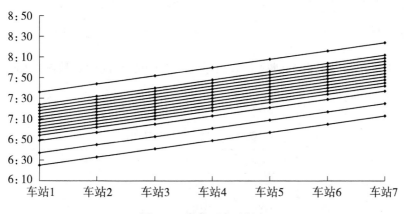

图 4-8　最优列车时刻表

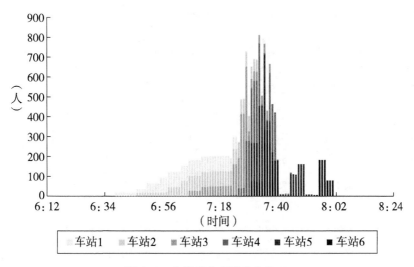

图 4-9　各站乘客到达分布情况

## 4.5.3　灵敏度分析

本章提出的优化模型涉及较多的变量与参数，其均会对优化结果产生一定的影响。为了更好地把握优化模型的计算效果，本节对权值系数、运营补贴、列车编组辆数、乘客时间价值进行了灵敏度分析，并初步分析了错峰上下班的实施效果及其对列车时刻表的影响。

**1. 权值系数**

其他参数不变，取区间 $[0, 1]$ 为灵敏度分析范围，以 0.1 为步长，观察权值系数 $(\lambda_1, \lambda_2)$ 由 $(0.0, 1.0)$ 变为 $(1.0, 0.0)$ 时，最优开行方案对应的各项费用参数、开行列数 $E$ 以及平均发车间隔 $\bar{h}$ 的变化情况，如表 4-5 所示。

表 4-5 不同权值系数对应的优化结果

| $(\lambda_1, \lambda_2)$ | $z_1$（元） | $z_2$（元） | $z_3$（元） | $Z_U$（元） | $E$（列） | $\bar{h}$（min） |
|---|---|---|---|---|---|---|
| (0.0, 1.0) | 17280 | 45000 | 353590 | 62280 | 10 | 9.00 |
| (0.1, 0.9) | 17280 | 45000 | 353590 | 91411 | 10 | 9.00 |
| (0.2, 0.8) | 17280 | 45000 | 353590 | 120542 | 10 | 9.00 |
| (0.3, 0.7) | 22464 | 58500 | 298699 | 146284 | 13 | 6.92 |
| (0.4, 0.6) | 22464 | 58500 | 298699 | 168058 | 13 | 6.92 |
| (0.5, 0.5) | 25920 | 67500 | 283477 | 188448 | 15 | 6.00 |
| (0.6, 0.4) | 25920 | 67500 | 283477 | 207454 | 15 | 6.00 |
| (0.7, 0.3) | 25920 | 67500 | 283477 | 226460 | 15 | 6.00 |
| (0.8, 0.2) | 27648 | 72000 | 280910 | 244658 | 16 | 5.63 |
| (0.9, 0.1) | 29376 | 76500 | 279782 | 262392 | 17 | 5.29 |
| (1.0, 0.0) | 32832 | 85500 | 279782 | 279782 | 19 | 4.74 |

从表 4-5 中可以看出，随着决策部门对乘客出行效率的重视程度提高（即 $\lambda_1$ 的增加、$\lambda_2$ 的减少），乘客出行总费用（$z_3$）呈现出下降趋势，而运营总费用（$z_1+z_2$）总体呈现上升趋势。当 $\lambda_1$ 由 0 上升至 0.5 时，乘客出行总费用的下降趋势极为明显，由 353590 元下降至 283477 元，下降百分比约为 19.83%；运营总费用则由 62280 元上升为 93420 元，上升百分比为 50.00%。当 $\lambda_1$ 由 0.5 上升至 1 时，乘客出行总费用下降趋势迅速变缓，仅下降约 1.30%；而运

营总费用依然保持较快的上升趋势，由 93420 元上升至 118332 元，上升百分比约为 26.67%。

这说明，在运营决策过程中，提高对乘客出行效率的重视程度能够有效减小乘客出行总费用，但当服务水平达到一定程度（开行列数 $E=15$ 列，平均发车间隔 $\bar{h}=6.00\text{min}$）后，受乘客自身出行选择行为及城市轨道交通服务能力的影响，进一步提升乘客出行总费用的权重（增加 $\lambda_1$），难以大幅度提高乘客出行效率，反而会带来运营总费用的快速上涨。因此，决策部门应根据当地的具体发展需求及地方财政的补贴能力，选择合理的权值系数，对城市轨道交通列车开行方案进行优化。

**2. 运营补贴**

一般而言，加大运营投入能够在一定程度上提高乘客出行效率，然而，在固定需求下，高额的运营投入往往意味着高额的运营补贴，而这种高额的运营补贴并非任意一个城市的政府都能提供。因此，有必要对政府提供的运营补贴进行灵敏度分析。

其他参数不变，取［30000，60000］为灵敏度分析范围，以 5000 为步长，观察运营补贴由 30000 元/h 变为 60000 元/h 时，最优开行方案对应的各相关费用及开行列车数的变化情况，如图 4-10 所示。

从图 4-10 中可以看出，当补贴水平较低时，随着运营补贴的增加，乘客出行总费用以及综合费用呈下降趋势，开行列车数及运营总费用呈上升趋势，即当运营补贴由 30000 元/h 上升至 45000 元/h 时，乘客出行总费用以及综合费用分别由 319945 元和 197341 元下降至 283477 元和 188448 元，开行列车数由 12 列增至 15 列，运营总费用由 74736 元上升至 93420 元；当补贴水平到达一定额度（45000 元/h）后，随着运营补贴的增加，各项参数保持不变。这说明，为保证城市轨道交通的服务质量，政府应为运营单位提供一定水平的运营补贴；但受乘客自身出行选择行为及城市轨道交通服务能力的影响，高额的运营补贴并不一定能够提高乘客出行效率，反而会给地方政府带来巨大的财政压力。因此，各地政府应结合自身情况及具体发展目标，为当地城市轨道交通提供合理额度的运营补贴。

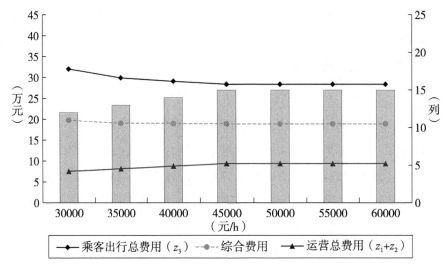

图 4-10　各相关费用及开行列车数随运营补贴变化情况

### 3. 列车编组辆数

其他参数不变，取区间［2，15］为灵敏度分析范围，以 1 为步长，观察列车编组辆数由 2 辆变为 15 辆时，最优开行方案对应的各相关费用及开行列车数的变化情况，如图 4-11 所示。

从图 4-11 中可以看出，当列车编组辆数为 2 辆时，不存在可行解；当列车编组辆数大于 2 辆时，随着列车编组辆数的增加，综合费用呈现先下降后上升的变化趋势，乘客出行总费用及开行列车数总体呈现下降趋势，而运营总费用一直呈现上升趋势。当列车编组辆数由 3 辆增加至 15 辆时，综合费用先由 209681 元下降至 187082 元，后再由 187082 元增至 202295 元；乘客出行总费用由 350854 元波动式下降至 248907 元，且乘客出行总费用下降速率变缓；开行列车数由 22 列下降至 10 列；运营总费用则由 68508 元波动式上升至 155700 元。这说明，过小的列车编组辆数可能无法满足乘客出行需求；而过大的列车编组辆数则可能带来高额的运营总费用。因此，决策部门应根据实际客流需求，选取合理的列车编组方案。本算例的最优列车编组方案为 7 辆。

值得注意的是，在上述灵敏度分析结果中，乘客出行总费用的变化趋势与第 3 章（3.5.2 节）图 3-18 中的乘客等待总费用的变化趋势存在一定的差

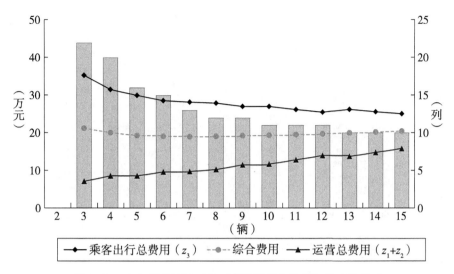

图 4-11　各相关费用及开行列车数随列车编组辆数变化情况

异。其主要原因是，在第 3 章的算例中，乘客出行需求相对均匀，且不随列车时刻表变化而变化，在这种情况下，减少列车编组辆数，在一定程度上意味着增加开行列车数，缩短乘客平均候车时间；而在本章算例中，所有乘客具有相同的出行目标，其客流需求相对集中，若在容量允许的情况下，出行乘客均会选择具有最佳到达时刻的出发列车，此时减少列车编组辆数，意味着缩减列车容量，乘客乘坐具有最佳到达时刻的出发列车的概率会下降，从而导致乘客出行总费用增加。这说明，乘客出行需求特性对列车时刻表具有重要影响，决策部门应充分调查沿途各站乘客的出行需求及出行特点，为列车时刻表的制定提供决策依据。

**4. 乘客时间价值**

随着社会经济的快速增长，乘客时间价值将会产生大幅度的变化，为探讨本章模型对乘客时间价值变化的适应性，取 [-60%，60%] 为灵敏度分析范围，以 20% 为步长，观察乘客时间价值（主要参数涉及乘客早到时间惩罚/收益系数、乘客晚到时间惩罚/收益系数、乘客早出发惩罚系数、乘客在车时间价值以及乘客候车时间价值）等比例变化时，最优开行方案对应的各相关费用及开行列车数的变化情况，如图 4-12 所示。

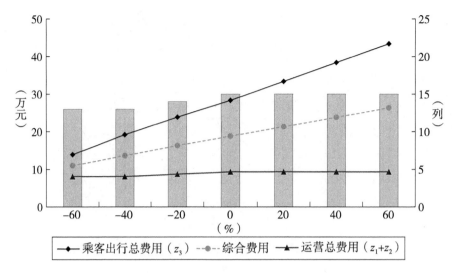

图 4-12　各相关费用及开行列车数随乘客时间价值变化情况

从图 4-12 中可以看出，随着乘客时间价值的增加，综合费用、乘客出行总费用、运营总费用以及开行列车数总体呈上升趋势，即当乘客时间价值从 -60% 到 60% 等比例变化时，综合费用、乘客出行总费用、运营总费用以及开行列车数分别由 109940 元、138917 元、80964 元及 13 列上升至 263805 元、434189 元、93420 元及 15 列。这说明，随着乘客时间价值的增加，乘客对运输服务系统的要求提高，为保证城市轨道交通的服务质量，运输企业必须增加一定数量的列车开行班次。因此，政府决策部门应实时关注城市社会经济发展水平，评估乘客对城市轨道交通的服务要求，并在此基础上，及时对城市轨道交通列车时刻表做出相应调整。

**5. 错峰上下班的实施效果及影响**

为缓解高峰拥挤，部分专家提出了错峰上下班的管理建议，然而该建议一直受到广泛争议。在此，以本章提出的模型为理论依据，对错峰上下班的实施效果及其对列车时刻表的影响进行初步分析。

实施错峰上下班最直接的表现就是乘客期望到达时刻的变化，因此，在其他参数不变的前提下，通过调整各站乘客期望到达时刻及需求人数，观察最优开行方案对应的各相关费用及相应列车数的变化情况。

表 4-6 给出了四种错峰情境，每种错峰情境对应不同的乘客期望到达时刻集合和客流分组情况。不同错峰情境下的最优开行方案如图 4-13 所示。不同错峰情境下最优开行方案对应的乘客到达分布情况如图 4-14 所示。各相关费用及相应列车数随错峰情境变化情况如图 4-15 所示。

表 4-6 四种错峰情境

| 情境 | 乘客期望到达时刻集合 | 客流分组情况 |
|---|---|---|
| 1 | {8：00} | $t_{r7}^0(1) = 8：00$, $q_{i,7}(1) = 2700 (\forall i = 1, 2, 3, 4, 5, 6)$ |
| 2 | {7：30, 8：00} | $\begin{cases} t_{r7}^0(1) = 7：30, \ q_{i,7}(1) = 1350 \\ t_{r7}^0(2) = 8：00, \ q_{i,7}(2) = 1350 \end{cases} (\forall i = 1, 2, 3, 4, 5, 6)$ |
| 3 | {7：30, 8：00, 8：15} | $\begin{cases} t_{r7}^0(1) = 7：30, \ q_{i,7}(1) = 900 \\ t_{r7}^0(2) = 8：00, \ q_{i,7}(2) = 900 (\forall i = 1, 2, 3, 4, 5, 6) \\ t_{r7}^0(3) = 8：15, \ q_{i,7}(3) = 900 \end{cases}$ |
| 4 | {7：06, 7：12, …, 8：30} | $\begin{cases} t_{r7}^0(1) = 7：06, \ q_{i,7}(1) = 180 \\ t_{r7}^0(2) = 7：12, \ q_{i,7}(2) = 180 \\ \dots \qquad\qquad\qquad\qquad (\forall i = 1, 2, 3, 4, 5, 6) \\ t_{r7}^0(14) = 8：27, \ q_{i,7}(14) = 180 \\ t_{r7}^0(15) = 8：30, \ q_{i,7}(15) = 180 \end{cases}$ |

图 4-13 中，情境 1 下满载率大于 100% 的运行区间数有 16 个，情境 2 下满载率大于 100% 的运行区间数有 12 个，情境 3 下满载率大于 100% 的运行区间数有 9 个，而情境 4 下所有列车的满载率均小于 100%。

从图 4-14 中可以观察到不同错峰情境下最优开行方案对应的乘客到达分布规律。从表 4-6、图 4-14 和图 4-15 中可以发现，随乘客期望到达时刻离散化程度的提高（由情境 1 的 1 组客流过渡到情境 4 的 15 组客流），客流到达分布越均匀，客流峰值越低，服务高峰客流的列车数越多，列车超载现象越少。

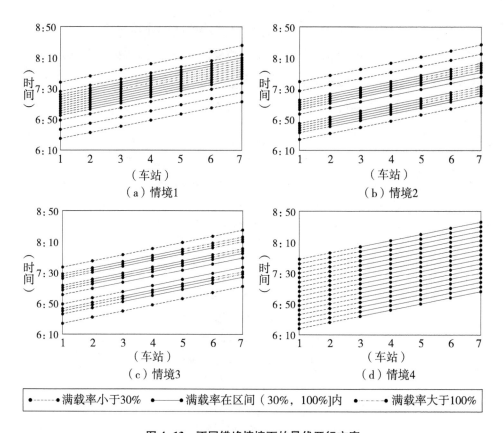

图4-13　不同错峰情境下的最优开行方案

图4-15中，随乘客期望到达时刻离散化程度的提高（由情境1过渡到情境4），综合费用及乘客出行总费用呈现出明显的下降趋势，与情境1相比，情境2、情境3、情境4的综合费用分别下降了8.96%、12.02%和18.04%，乘客出行总费用也分别下降了8.77%、11.59%和23.98%。显然，上述现象表明，合理的错峰上下班措施能够有效降低列车满载率，缓解客流高峰拥挤状况，提高乘客出行效率。受基本运营要求的限制，如约束条件（4-18）等，随乘客期望到达时刻离散化程度的提高（由情境1过渡到情境4），运营总费用及开行列车数出现小幅度变化，但变化趋势并不明显。这说明，合理的错峰上下班措施不会对城市轨道交通运营企业的正常运营造成重大影响，也不会给城市轨道交通运营企业带来过重的经济负担。

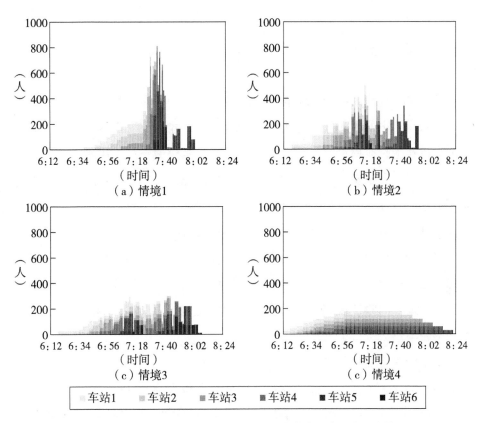

图 4-14 不同错峰情境下最优开行方案对应的乘客到达分布情况

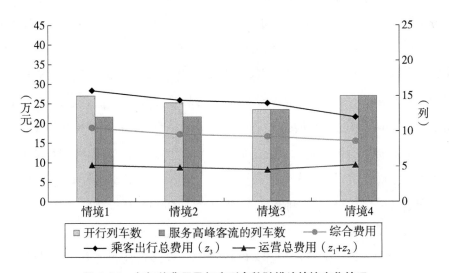

图 4-15 各相关费用及相应列车数随错峰情境变化情况

## 4.6　本章小结

本章旨在优化高峰期城市轨道交通列车时刻表，在分析、探讨了列车开行方案对乘客出发时间选择行为影响的基础上，建立了考虑乘客出发时间选择的城市轨道交通列车时刻表双层规划模型。该模型上层从决策部门的角度出发，以列车在始发站的具体发车时间为决策变量，以乘客及运营单位综合费用最小为目标，以列车发车间隔、列车容量限制、运营收益等为约束条件，构建了列车时刻表优化模型；该模型下层从出行乘客的角度出发，在输入上层具体开行方案的基础上，以单个乘客出行总费用最小为目标，构建了客流分配模型，该模型的配流结果将反馈回上层模型，为最优开行方案的选取提供计算依据。为验证模型的有效性，本章将模型运用于某算例线路，并对算例中的各项参数进行了灵敏度分析。

本章的主要工作及结论如下。

（1）以某多起点单讫点的城市轨道交通线路为例，分析了高峰客流到达分布规律，并进一步探讨了列车开行方案对该分布规律的影响。研究结果表明，乘客到达分布可分为双峰型、单峰型以及均峰型三种类型，且随着列车开行方案的优化（即发车间隔的减小及列车容量的增加），各站乘客到达分布规律由双峰型逐渐向单峰型过渡，并最终向均峰型变化，且越靠近始发站的车站越早转向均峰型，越靠近终点站的车站越晚从双峰型过渡。基于此，本章认定列车开行方案对高峰乘客出行选择行为具有较强的反馈作用，在建立高峰期城市轨道交通列车时刻表优化模型时，应充分考虑这一反馈作用对优化解的影响。

（2）根据既有研究结果，确定了适用于本章的乘客出行总费用计算方法，并指出，除最常用到的乘车时间换算费用（涉及拥挤引发的乘车时间感知偏差，即拥挤惩罚）、候车时间换算费用以及城市轨道交通票价外，高峰期的乘客出行成本还应包括终点的早到/晚到惩罚以及起点的早出发惩罚。

（3）充分考虑了运营单位和乘客的利益，以其综合费用最优为目标，建立了城市轨道交通列车时刻表双层规划模型。为了使模型更加贴近实际，本章延续使用了第 3 章提出的列车容量强约束限制，即认为各次列车均存在一个最大载客量，当在车乘客数达到最大载客量时，上车过程终止，未上车的乘客将在站台排队等待下次列车。

（4）以某城市轨道交通算例线路为例，应用本章提出的城市轨道交通列车时刻表双层规划模型，并通过遗传算法进行求解，最终，确定了算例线路的最优列车时刻表，并给出了详细的列车时刻表及其对应的客流分布情况。计算结果表明，遗传算法的求解效率较高，在第 50 代后开始收敛；最优列车时刻表对应的乘客和运营单位综合费用为 188448 元，乘客出行总费用为 283477 元，列车购置费用为 25920 元，列车走行公里换算费用为 67500 元。

（5）在算例分析的基础上，针对权值系数、运营补贴、列车编组辆数、乘客时间价值进行灵敏度分析，并初步分析错峰上下班的实施效果及其对列车时刻表的影响，主要结论及建议如下。

①在运营决策过程中，提高对乘客出行效率的重视程度能够有效减小乘客出行总费用，然而，当服务水平达到一定程度后，受乘客自身出行选择行为及城市轨道交通服务能力的限制，进一步提升乘客出行总费用的权重，不会大幅度提高乘客出行效率，反而会带来高额的运营成本。

②随着运营补贴的增加，乘客出行总费用以及综合费用呈先下降后平稳的变化趋势，运营总费用呈先上升后平稳的变化趋势。这说明，为保证城市轨道交通的服务质量，政府应为运营单位提供一定水平的运营补贴；但高额的运营补贴并不一定能够提高乘客出行效率，反而会给地方政府带来巨大的财政压力。

③当列车编组辆数为 2 辆时，不存在可行解；当列车编组辆数大于 2 辆时，随着列车编组辆数的增加，综合费用呈先下降后上升的变化趋势，乘客出行总费用及开行列车数总体呈下降趋势，而运营总费用一直呈上升趋势。这说明，过小的列车编组辆数可能无法满足乘客出行需求；而过大的列车编组辆数则可能带来高额的运营总费用。本章算例的最优列车编组方案为 7 辆。

值得注意的是，在列车编组辆数的灵敏度分析结果中，乘客出行总费用的变化趋势与第 3 章（3.5.2 节）图 3-18 中的乘客等待总费用的变化趋势存在一定的差异。其主要原因是，在第 3 章的算例中，乘客出行需求相对均匀，而在本章算例中，所有乘客具有相同的出行目标，其客流需求相对集中。这说明，乘客出行需求特性对列车时刻表具有重要影响。

④随着乘客时间价值的增加，综合费用、乘客出行总费用、运营总费用以及开行列车数总体呈上升趋势。政府决策部门应实时关注城市社会经济发展水平，评估乘客对城市轨道交通的服务要求，并在此基础上，及时对城市轨道交通列车时刻表做出相应调整。

⑤合理的错峰上下班措施能够有效降低列车满载率及乘客出行总费用，达到缓解客流高峰拥挤的目的。

# 5 城市轨道交通网络化列车开行方案优化方法研究

## 5.1 概述

城市轨道交通以其大运量、低能耗、高效率、高环保的独特优势，成为解决城市交通拥堵问题的首选方案，并在大城市公共交通体系中占据了重要地位。自 21 世纪以来，我国各大城市轨道交通进入了一个高速发展的时期，部分城市的轨道交通线网已经铺开。据交通运输部统计，截至 2024 年年底，在 54 个开通城市轨道交通的城市中，具有 20 条以上运营线路的城市有 2 个（约占开通城市轨道交通城市总量的 4%），具有 10 条以上运营线路的城市有 13 个（约占开通城市轨道交通城市总量的 24%），具有 5 条及以上运营线路的城市有 24 个（约占开通城市轨道交通城市总量的 44%）。

我国城市轨道交通建设工作虽然已经取得了一定的成果，但在很长一段时间内，由于开通的线路数量较少，网络化运营经验欠缺，部分城市仍采用单线运营模式对城市轨道交通进行运营组织。然而，这种运营组织模式难以应对网络化的运营需求，且随着城市轨道交通网络规模的扩大，其局限性越发凸显，并成为制约城市轨道交通系统吸引力提升的重要因素。因此，将整个城市轨道交通线网作为一个研究整体，并以此为基础，制定合理的网络化运营策略，成为城市轨道交通运营管理者需要解决的重要问题。

网络化运营是指在由多条线路组成的城市轨道交通线网上建立的，旨在有效满足出行者需要的安全、可持续的运输组织方法与运营行为的总称（毛保华等，2011）。其涵盖内容较广，涉及的研究领域较多，如网络化运营补贴方法、网络应急事件处理技术、网络资源共享技术、票务清分清算技术等，本章仅关注城市轨道交通网络化列车开行方案优化方面的研究。

本章以非连通型城市轨道交通网络为研究对象，即研究网络内不存在跨线或共线运营模式。在考虑乘客出行效率的基础上，给出了乘客出行费用计算方法。然后，以各运营线路发车间隔及发车时间相位差为决策变量，以乘客及运营企业综合费用最小为目标，以列车发车间隔、列车容量、站台容量、运营补贴等为约束，建立城市轨道交通网络化列车开行方案优化模型，并结合第 3 章给出的乘客上下车过程仿真方法，提出了一种基于模拟仿真的遗传算法，对模型进行求解。最后，以某城市轨道交通网络为例，对模型及算法的有效性进行验证。

## 5.2 城市轨道交通网络化运营关键问题分析

城市轨道交通网络由两条及以上城市轨道交通线路通过换乘节点相互衔接形成。与单条城市轨道交通运营线路不同，城市轨道交通网络内各条运营线路虽然具有一定的独立性（如各条运营线路拥有其独立的信号控制系统、运营轨道等），但在一定程度上又受到其他线路的影响（如客流需求等）。而乘客的换乘行为是线路间产生相互影响的直接原因，由于各条运营线路具有其既定且难以改变的服务范围，乘客为前往目的地，必须在不同线路间进行换乘。

目前，虽然有部分研究学者提出通过开行跨线列车等方法来减少乘客的换乘需求，但由于各条运营线路间的设施设备相对独立，或受线路自身能力的限制，能够通过改变网络列车交路计划来减少的换乘需求相对有限。换乘仍然是广大乘客出行过程中难以避免的重要环节。

### 1. 换乘的普遍性及其对乘客出行费用的影响

城市轨道交通网络规划时，虽会尽量满足主流 OD 对的直达出行需求，但因现实条件复杂多样，难以兼顾所有 OD 对的直达出行需求。这些无法直达的 OD 对出行需求就必须借助换乘来实现。从我国各地城市轨道交通网络换乘系数（指客运量与进站量的比值，换乘系数=乘客实际平均换乘次数+1）来看，2024 年运营线路条数大于 2 的城市轨道交通网络换乘系数如表 5-1 所示。

表 5-1　2024 年运营线路条数大于 2 的城市轨道交通网络换乘系数

| 城市 | 运营线路条数 | 客运量（万人次） | 进站量（万人次） | 换乘系数 |
|---|---|---|---|---|
| 北京 | 29 | 361916.0 | 200018.9 | 1.8 |
| 上海 | 22 | 377363.3 | 209863.7 | 1.8 |
| 广州 | 19 | 317352.4 | 178374.6 | 1.8 |
| 成都 | 15 | 220898.2 | 126100.8 | 1.8 |
| 深圳 | 18 | 310218.7 | 175070.7 | 1.8 |
| 武汉 | 15 | 146781.0 | 92787.7 | 1.6 |
| 杭州 | 12 | 146984.3 | 88324.1 | 1.7 |
| 重庆 | 11 | 144514.5 | 89575.6 | 1.6 |
| 南京 | 15 | 109246.7 | 64865.9 | 1.7 |
| 西安 | 11 | 138165.7 | 88984.7 | 1.6 |
| 郑州 | 12 | 69727.2 | 42106.9 | 1.7 |
| 青岛 | 9 | 53055.3 | 36784.9 | 1.4 |
| 苏州 | 11 | 60308.9 | 36560.1 | 1.6 |
| 天津 | 9 | 63998.8 | 39802.3 | 1.6 |
| 沈阳 | 12 | 65810.5 | 42073.8 | 1.6 |
| 大连 | 6 | 26691.9 | 19611.7 | 1.4 |
| 合肥 | 6 | 52443.1 | 31450.2 | 1.7 |
| 长沙 | 7 | 102688.9 | 55502.1 | 1.9 |
| 宁波 | 6 | 38807.6 | 22147.8 | 1.8 |
| 昆明 | 6 | 30742.4 | 22122.1 | 1.4 |
| 佛山 | 6 | 18041.6 | 7584.8 | 2.4 |
| 贵阳 | 4 | 25519.0 | 18196.3 | 1.4 |
| 长春 | 6 | 27106.5 | 18945.1 | 1.4 |
| 福州 | 5 | 30569.2 | 21943.5 | 1.4 |
| 南昌 | 4 | 43895.4 | 21687.7 | 2.0 |
| 南宁 | 5 | 36523.7 | 21610.0 | 1.7 |
| 无锡 | 4 | 22803.4 | 14986.0 | 1.5 |
| 厦门 | 3 | 26694.9 | 20524.8 | 1.3 |
| 济南 | 3 | 11639.9 | 8337.5 | 1.4 |
| 哈尔滨 | 3 | 36123.1 | 23571.5 | 1.5 |
| 石家庄 | 3 | 19823.4 | 13707.0 | 1.4 |
| 徐州 | 3 | 10969.5 | 7923.4 | 1.4 |
| 绍兴 | 3 | 4418.0 | 2518.3 | 1.8 |
| 南通 | 2 | 4239.2 | 3597.8 | 1.2 |
| 常州 | 2 | 7210.9 | 5955.1 | 1.2 |
| 呼和浩特 | 2 | 7701.7 | 6250.8 | 1.2 |
| 芜湖 | 2 | 3700.6 | 3123.4 | 1.2 |
| 洛阳 | 2 | 7011.7 | 5282.8 | 1.3 |
| 昆山 | 2 | 5513.7 | 3995.6 | 1.4 |
| 兰州 | 2 | 14076.2 | 12111.7 | 1.2 |

虽然，换乘行为在公共交通（尤其是城市轨道交通）的出行过程中极为普遍，但众多研究表明，换乘是影响公共交通广义出行费用的重要因素。Iseki 和 Taylor（2009）通过算例表明：当乘客不需要进行换乘走行时（即同台换乘），乘客出行总费用减少 10%；当乘客不需要进行换乘等待时（即实现列车时刻表的完美接续），乘客出行总费用减少 7%；当乘客既不需要进行换乘走行，也不需要进行换乘等待时（即同台换乘+列车时刻表的完美接续），乘客出行总费用减少 17%。

从 Iseki 和 Taylor 的算例中可以发现，无论是优化换乘走行时间还是优化换乘等待时间，均可以在不同程度上降低乘客出行费用。然而，在城市轨道交通换乘车站修建完成后，减少乘客换乘走行时间意味着高额的车站改扩建成本；与之相反，乘客换乘等待时间仅需通过调整列车开行方案即可在一定程度上获得优化。因此，制定合理的列车开行方案，减少乘客换乘等待时间成为城市轨道交通网络化运营的关键。

**2. 换乘客流成为城市轨道交通网络重要服务对象**

对于单条运营线路和独立于整个城市轨道交通网络之外的运营线路（如北京地铁首都机场线和大兴机场线），其所有乘客均为本线进出客流，因此，在制定列车开行方案时，仅需考虑本线进出客流的出行需求。然而，换乘站的出现使不同运营线路间的乘客流动成为可能，运营线路的服务对象将不再局限于本线进出客流，还将包括换乘客流。

《2024 北京市交通发展年度报告》显示，除机场线外，其他运营线路均服务了本线进站及换乘两类客流，2023 年北京市城市轨道交通工作日日均客运量如图 5-1 所示。其中，部分线路（2 号线、9 号线和 10 号线）的换乘量甚至高于进站量。也就是说，在网络化运营条件下，换乘客流将成为城市轨道交通网络重要服务对象，运营决策部门在制定相应的列车开行方案时，不仅要考虑本线进站客流的出行需求，更要合理分配资源，满足换乘客流的出行需求。

**3. 城市轨道交通网络客流特点**

换乘站的存在使换乘客流成为城市轨道交通网络内的主要客流。与非换乘客流的到达规律有所不同，换乘客流的到达并非连续均衡，而是随列车的

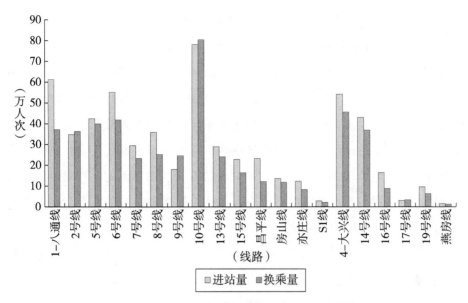

图 5-1 2023 年北京市城市轨道交通工作日日均客运量

到达呈现脉冲式的分布规律，因此，在短时间内会对换乘设施及接续列车产生一定的冲击，而这种冲击也使接续列车的载客率呈现出一定规律的波动。

图 5-2 是一个两线换乘站内，列车到达及乘客换乘过程的示意图。在此仅讨论线路 1 至线路 2 的换乘方向，且不考虑乘客换乘走行时间，即假设乘客换乘走行时间为 0。从图中可以看到，换乘客流仅出现在线路 1 上列车到达的瞬间，如 8：00、8：02、8：04 等。显然，在这些时刻，换乘站台将会面临大规模的换乘客流冲击。

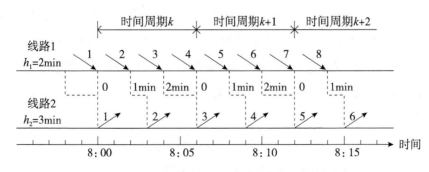

图 5-2 两线列车到达及乘客换乘过程示意

另外，由于线路 1 和线路 2 的发车间隔存在一定的差异，线路 2 上的接续列车将可能面临不同规模的换乘客流。例如，线路 2 第 2 次列车仅需为 8：02（线路 1 第 2 次列车）到达的换乘客流服务，而线路 2 第 3 次列车则需为 8：04（线路 1 第 3 次列车）和 8：06（线路 1 第 4 次列车）到达的换乘客流服务。同时，由于跟随线路 1 第 3 次列车到达换乘车站的乘客未被及时运走，当线路 1 第 4 次列车到站时，两次列车换乘客流将会在换乘站台汇合，从而对换乘站台造成更为严峻的冲击，并带来较大的安全隐患。因此，在制定城市轨道交通网络化列车开行方案时，应充分考虑上述现象，避免在接续列车内及换乘站台上出现过度拥挤的状态。

值得注意的是，虽然换乘客流的换乘等待时间、各接续列车面临的换乘人数等具有差异，但其中也存在着一定的规律。根据 Serafini 和 Ukovich（1989）提出的周期性事件原理可以发现，图 5-2 所展示的差异都是以 6min 为周期循环出现的，即 8：00 和 8：06 到达的换乘客流具有相同的换乘等待时间，8：06 和 8：12 出发的接续列车具有相同的载客人数。因此，在进行列车开行方案优化时，可以将该循环周期作为一个基本运算单位，通过测试该循环周期内的运营费用及乘客出行费用，推算单位时间内的各项费用，并以此为依据，完成相应的决策优化。

## 5.3 城市轨道交通网络化列车开行方案优化模型

### 5.3.1 网络抽象、基本假设及变量定义

基于上述分析，本章的研究目标可描述为：针对非连通型城市轨道交通网络，在充分考虑乘客出行及换乘需求的基础上，从整个网络化运营系统的角度出发，以各条运营线路的发车间隔及起点站列车发车时间相位差为变量，构建城市轨道交通网络化列车开行方案优化模型，使乘客及运营企业的综合费用最小。

#### 1. 网络抽象

为了方便建模，将图论中的有向图引入列车开行方案优化中。图 5-3 是某城市轨道交通网络抽象过程的示意图。图 5-3（a）中，节点为城市轨道交通网络车站，用符号 $m$ 表示，令 $M$ 表示车站集合，则有 $m \in M$。图 5-3（b）

中，节点为城市轨道交通网络站台，用集合 $N$ 表示；令 $N_k$ 表示线路 $k$ 的站台集合，线路上的站台从始发站站台开始，沿上行方向环形逆转至下行方向，依次标记为 $n_{1,k}$、$n_{2,k}$ 等。显然，该标记方法会将实际车站按照线路和列车运行方向划分为多个不同的站台节点，图 5-3（b）中，站台 $n_{1,1}$ 与 $n_{8,1}$、$n_{2,1}$ 与 $n_{7,1}$、$n_{3,1}$ 与 $n_{6,1}$、$n_{4,1}$ 与 $n_{5,1}$ 属于同一车站，但为了便于描述，本章将其标记为两个不同的站台节点进行处理。有向弧用来连接两个节点，用集合 $A$ 表示，$A = \{(n_1, n_2) \mid n_1, n_2 \in N\}$；显然，按照不同的连接方式，其可分为运行弧 $A_1$、折返弧 $A_2$ 以及换乘弧 $A_3$，$A = A_1 \cup A_2 \cup A_3$；而运行弧 $A_1$ 又可按其所属运营线路分为不同的运行子弧集，$A_1 = a_1 \cup a_2 \cup \cdots \cup a_k$。

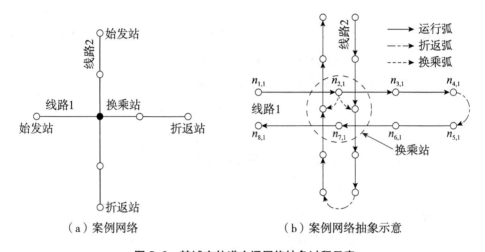

（a）案例网络　　　　　　（b）案例网络抽象示意

图 5-3　某城市轨道交通网络抽象过程示意

## 2. 基本假设

为简化问题，本章提出如下基本假设。

（1）研究网络内各 OD 对客流需求已知，且各站乘客到达服从均匀分布。

（2）所有列车均由其所属线路的始发站发车，经由沿途各中间站后，抵达折返站，并在折返站折返后，重新返回线路始发站，等待下一次发车指令。

（3）所有乘客具有相同的乘客属性，即具有相同的时间价值（包括换乘走行时间价值、换乘等待时间价值、在车时间价值等）及拥挤敏感性。

（4）各 OD 对乘客出行路径已知且相对稳定。为简化问题，本章假设任一 OD 对间的出行乘客具有相同的出行路径，且仅会选择具有最大出行效益的路径出行。在此，假设所有乘客仅考虑换乘次数及乘车时间进行路径选择，并假设所有乘客更倾向于不换乘，即所有乘客优先选择换乘次数少的路径；当面临同样的换乘次数时，再通过各路径的乘车时间判断出具有最大出行效益的路径，即选择乘车时间最短的路径出行。

（5）乘客换乘走行时间已知，且同一车站同一换乘方向的乘客换乘走行时间相同，即不考虑乘客的异质性，认为所有乘客具有相同的换乘走行速度。

（6）所有乘客（包含换乘乘客）将会乘坐第一趟到达的、与其出行方向一致的出发/接续列车。

### 3. 变量定义

为描述城市轨道交通网络化列车开行方案优化模型，定义变量如下。

$r$ ——城市轨道交通网络某乘客出行起点站，$r \in N$；

$s$ ——城市轨道交通网络某乘客出行终点站，$s \in N$；

$Q^{rs}$ ——单位时间内 OD 对 $rs$ 间的客流需求，$r \in N$，$s \in N$；

$F_{rs}$ ——OD 对 $rs$ 间乘客出行所需支付的票价费用，$r \in N$，$s \in N$；

$P$ ——城市轨道交通运营单位最低收益要求；

$K$ ——城市轨道交通网络线路集合；

$k$ ——城市轨道交通某线路，$k \in K$；

$l_k$ ——线路 $k$ 的长度，$k \in K$；

$T$ ——循环周期时长；

$I$ ——一个循环周期内各条运营线路上的列车集合；

$I_{(n_1, n_2)}$ ——一个循环周期内，运行弧 $(n_1, n_2)$ 上通过的列车集合，$I_{(n_1, n_2)} = \{1, 2, \cdots, i, \cdots\}$，其中，$i$ 表示一个循环周期内运行弧 $(n_1, n_2)$ 上通过的第 $i$ 次列车，$I_{(n_1, n_2)} \in I$，$(n_1, n_2) \in A_1$；

$c_{(n_1, n_2)}$ ——经过弧 $(n_1, n_2)$ 所花费的时间，有 $n_1, n_2 \in N$，显然，当 $(n_1, n_2) \in A_1$ 时，该时间为列车的区间运行时间，当 $(n_1, n_2) \in A_2$ 时，该时间为列车折返时间，当 $(n_1, n_2) \in A_3$ 时，该时间为乘客换乘时间；

$q^i_{(n_1, n_2)}$ ——一个循环周期内，运行弧 $(n_1, n_2)$ 上第 $i$ 次列车上的乘客数，

$i \in I_{(n_1, n_2)}$，$(n_1, n_2) \in A_1$；

$t^{walk}_{(n_1, n_2)}$——乘客经过弧$(n_1, n_2)$所花费的换乘走行时间，$(n_1, n_2) \in A_3$；

$t^{wait}_{(n_1, n_2), (i, j)}$——一个循环周期内，由运营区间$(n_1 - 1, n_1)$内的第$i$次列车下车，前往$n_2$站乘坐弧$(n_2, n_2 + 1)$上第$j$次接续列车的乘客所花费的换乘等待时间，$(n_1 - 1, n_1) \in A_1$，$(n_2, n_2 + 1) \in A_1$，$(n_1, n_2) \in A_3$；

$\hat{q}^{i, j}_{(n_1, n_2)}$——一个循环周期内，由运营区间$(n_1 - 1, n_1)$内的第$i$次列车下车，前往$n_2$站乘坐弧$(n_2, n_2 + 1)$上第$j$次接续列车的乘客数，$(n_1 - 1, n_1) \in A_1$，$(n_2, n_2 + 1) \in A_1$，$(n_1, n_2) \in A_3$；

$\tilde{q}^t_m$——一个循环周期内，$t$时刻车站$m$上的站台聚集人数，$t \in (0, T]$，$m \in M$；

$b_k$——线路$k$的列车编组辆数；

$CA$——城市轨道交通车辆额定载客数；

$CS$——城市轨道交通车辆座位数；

$\delta$——优化精度，在本章也作为单位时间长度进行使用；

$G_m$——车站$m$的站台安全容量，$m \in M$；

$\alpha_k$——线路$k(k = 1, 2, 3)$上单位车辆时间的车辆（列车）购置费用；

$\beta_k$——线路$k(k = 1, 2, 3)$上单位车辆列车走行公里的换算费用；

$\theta_1$——乘客候车时间价值；

$\theta_2$——乘客在车时间价值；

$\theta_3$——乘客换乘走行时间价值；

$\vartheta$——列车满载率安全值；

$h^{min}_k$——线路$k$的最小发车间隔；

$h^{max}_k$——线路$k$的最大发车间隔；

$CO$——线路运营补贴额度；

$h_k$——线路$k$的发车间隔，$k \in K$；

$x_k$——线路$k$与线路1的发车时间相位差，$k \in K$。

## 5.3.2 目标函数

城市轨道交通列车开行方案涉及运营单位和乘客两方面的利益。运营单位追求以最小的运营成本满足乘客的基本出行需求，而乘客则希望运营单位能够最大限度提供更加舒适、快捷的运输服务。因此，从整个系统的角度出发，并在结合当前政府决策导向的基础上，以系统综合费用最小为目标建立城市轨道交通网络化列车开行方案优化模型。

**1. 计算周期的确定**

根据 5.2 节的相关描述可以发现，城市轨道交通网络内的换乘客流等待时间、列车载客率等都是以一个既定的周期循环出现的。因此，要计算运营费用及乘客出行费用，必须先确定循环周期。

由于城市轨道交通网络是由多条周期性运营的线路组成，每条运营线路都有其特定的循环周期，即发车间隔。为了便于求解，可将整个运营网络内的所有周期性事件合并到一个更大的周期环境中进行处理，根据 Serafini 和 Ukovich（1989）提出的理论，该循环周期可以表示为：

$$T = lcm(h_1, \ h_2, \ \cdots, \ h_k, \ \cdots) \tag{5-1}$$

式中，$lcm(\cdot)$ 表示最小公倍数。

**2. 一个计算周期内的运营费用**

运营费用主要包括列车购置费用及列车走行公里换算费用。一个计算周期内的列车购置费用可由式（5-2）计算得到：

$$z_1 = \sum_{k \in K} \left( \frac{Tb_k\alpha_k}{h_k} \cdot \sum_{n_1, \ n_2 \in N_k, \ n_1 \neq n_2} c_{(n_1, \ n_2)} \right) \tag{5-2}$$

一个计算周期内的列车走行公里换算费用可由式（5-3）计算得到：

$$z_2 = \sum_{k \in K} \frac{Tb_k\beta_k l_k}{h_k} \tag{5-3}$$

**3. 一个计算周期内的乘客出行费用**

与第 4 章类似，本章的乘客出行费用也包括时间费用和货币费用两部分。货币费用是指城市轨道交通票价。时间费用是指乘客出行过程中感知到的时间消耗，其在一定程度上反映了乘客出行效率。为了方便建模，本章拟通过时间价值系数，将时间费用转化为广义时间费用进行计算，即将时间费用转化为货币费用代入优化模型中。本章认定乘客广义时间费用主要包括乘客的初始等车时间换算费用、乘车时间换算费用以及换乘时间换算费用。

根据基本假设（1）可知，乘客到达规律满足均匀分布，即乘客的平均初始等车时间约等于发车间隔的一半，则一个计算周期内所有乘客的初始等车时间换算费用：

$$z_3 = \theta_1 \cdot \sum_{k \in K} \sum_{n_1 \in N_k} \sum_{n_2 \in N} \frac{h_k Q^{n_1 n_2} T}{2} \tag{5-4}$$

一个计算周期内所有乘客的乘车时间换算费用：

$$z_4 = \theta_2 \cdot \sum_{(n_1, n_2) \in A_1} \sum_{i \in I_{(n_1, n_2)}} q^i_{(n_1, n_2)} \cdot c_{(n_1, n_2)} \cdot (1 + Y^i_{(n_1, n_2)}) \tag{5-5}$$

式中，$Y^i_{(n_1, n_2)}$ 表示线路 $k$ 上运行弧 $(n_1, n_2)$ 的拥挤度函数，其具体分析及相关说明见第 4 章（4.4.1 节），在此仅给出本章条件下的拥挤度函数计算式。

$$Y^i_{(n_1, n_2) \in a_k} = \begin{cases} 0 & , \quad q^i_{(n_1, n_2)} \leqslant b_k \cdot CS \\[2ex] \eta_1 \cdot \dfrac{q^i_{(n_1, n_2)} - b_k \cdot CS}{b_k \cdot CS} & , \quad b_k \cdot CS < q^i_{(n_1, n_2)} \leqslant b_k \cdot CA \\[2ex] \eta_1 \cdot \dfrac{q^i_{(n_1, n_2)} - b_k \cdot CS}{b_k \cdot CS} + \eta_2 \cdot \dfrac{q^i_{(n_1, n_2)} - b_k \cdot CA}{b_k \cdot CA} & , \quad b_k \cdot CA \leqslant q^i_{(n_1, n_2)} \end{cases} \tag{5-6}$$

式中，$\eta_1$、$\eta_2$ 为拥挤费用修正系数。

乘客换乘时间包括乘客的换乘走行时间以及乘客的换乘等待时间。一个计算周期内所有乘客的换乘时间换算费用：

$$z_5 = \sum_{(n_1, n_2) \in A_3} \sum_{i \in I_{(n_1-1, n_1)}} \sum_{j \in I_{(n_2, n_2+1)}} \hat{q}^{i, j}_{(n_1, n_2)} \cdot [\theta_3 \cdot t^{walk}_{(n_1, n_2)} + \theta_1 \cdot t^{wait}_{(n_1, n_2), (i, j)}] \tag{5-7}$$

### 5.3.3 列车开行方案优化模型

基于 5.3.2 节的分析，可以得到一个计算周期内乘客及运营单位的综合费用。然而，不同的线路发车间隔会产生不同的系统循环周期。例如，当 $(h_1, h_2, h_3) = (1, 2, 3)\text{min}$ 时，其对应的系统循环周期为 6min；当 $(h_1, h_2, h_3) = (4, 2, 3)\text{min}$ 时，其对应的系统循环周期为 12min。显然，不同周期长度下的系统综合费用是不可以直接进行比较的，因此，需要对计算结果进行相应处理，并将其转化到一个统一的时间长度进行比较。本章以单位时长作为统一度量单位，即认定单位时间内消耗的系统平均费用最小的列车开行方案是最优方案。

根据上述分析，建立城市轨道交通网络化列车开行方案优化模型如下：

$$\min Z_U = \lambda_1 \cdot \frac{z_1 + z_2}{T} + \lambda_2 \cdot \left( \frac{z_3 + z_4 + z_5}{T} + Q^{rs} F_{rs} \right) \tag{5-8}$$

$$\mathrm{s.t.} \quad \frac{q^i_{(n_1, n_2)}}{b_k \cdot CA} \leq \vartheta, \quad \forall (n_1, n_2) \in a_k, \ i \in I_{(n_1, n_2)}, \ k \in K \tag{5-9}$$

$$h_k^{\min} \leq h_k \leq h_k^{\max}, \quad \forall k \in K \tag{5-10}$$

$$0 \leq x_k < h_k, \quad \forall k \in K \tag{5-11}$$

$$\tilde{q}^t_m \leq G_m, \quad \forall m \in M, \ t \in (0, T] \tag{5-12}$$

$$CO + Q^{rs} F_{rs} - (z_1 + z_2) \geq P, \quad \forall r, s \in N \tag{5-13}$$

式（5-8）表示乘客和运营单位综合费用最小，其中，$\lambda_1$、$\lambda_2$ 为权值系数，体现了决策者的决策偏好，并满足 $\lambda_1 + \lambda_2 = 1$。式（5-9）为服务性约束，即任一列车满载率不得超过规定值。式（5-10）确定了各运营线路发车间隔的取值范围，即任意两列车之间的发车间隔应不小于最小发车间隔，且不大于某一确定值。式（5-11）给出了各运营线路与线路 1 发车时间相位差的取值范围，由于各运营线路以 $h_k$ 为周期发车，当 $x_k \geq h_k$ 时，其与线路 1 的发车时间相位差和 $x_k - m \cdot h_k (\forall m \in \mathbf{N}^*)$ 与线路 1 的发车时间相位差相同，因此，不需要考虑 $x_k \geq h_k$ 的情况。式（5-12）为站台安全性约束，即任一时刻各线路站台聚集人数不得超过安全值。式（5-13）保证在给定的线路运营补贴额度下，城市轨道交通具有一定的收益。

## 5.4 求解算法

### 5.4.1 求解算法的确定及基本流程

当各线路列车发车间隔的取值范围确定后，城市轨道交通网络化列车开行方案优化问题将转化为组合优化问题，当针对较小的城市轨道交通网络时，可采用枚举法对所有可供选择的方案进行比选，最终选择出具有最小系统综合费用的列车开行方案作为最优方案。然而，随着网络规模的扩大及运算精度要求的提高，在有限时间内，枚举法将难以完成求解过程。遗传算法由于自带的遗传及变异特性，具有较强的可并行性及全局搜索能力，能够有效求解大规模组合优化问题。因此，本章选择遗传算法对问题进行求解。

另外，在5.3节提出的模型中，$q^i_{(n_1, n_2)}$、$\hat{q}^{i,j}_{(n_1, n_2)}$ 以及 $\tilde{q}^t_m$ 等变量的变化过程难以通过数学公式进行描述，需要通过模拟仿真的手段确定上述变量的具体取值及变化过程。因此，本章将仿真优化过程融入求解过程中，并提出了一种基于模拟仿真的遗传算法，对模型进行求解。具体的模型求解过程如图5-4所示。

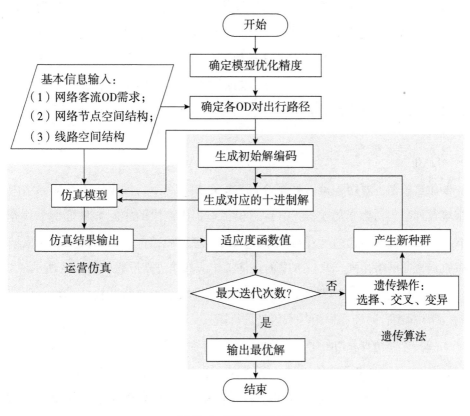

**图5-4 模型求解过程**

（1）确定模型优化精度。优化算法得到的列车开行方案可以精确到 1 秒，甚至更小的单位（如毫秒），且运算精度越高，对乘客出行及列车运行过程的模拟效果越准确，选择出的列车开行方案越高效。然而，在实际运营中，高精度的运营方案将会给运营部门带来极大的运营压力，且不易实现，同时，模型的求解时间也会随求解精度的提高而快速增多（具体分析可参见 3.5.2 节）。因此，在进行模型求解前，应先确定模型优化精度。

值得注意的是，仿真模型是以时间为步长进行推进的，为与遗传算法保持相同的计算精度，在仿真过程中，将直接采用模型优化精度作为基本时间步长。显然，为保证仿真的顺利进行，应确保该模型优化精度能够被所有事件的持续时间（如区间运行时间）整除。

（2）运营仿真。在给定基本信息及列车开行方案的情形下，通过运营仿真得到仿真过程中的各项参数，用以计算该方案的适应度函数值，辅助遗传算法完成模型的优化求解过程。

（3）遗传算法。根据适应度函数值筛选出优质列车开行方案，并通过交叉、变异等操作产生新的解集，在重新计算适应度函数值后，进入下一轮筛选过程，最终筛选出最优解。

## 5.4.2 仿真模型

仿真模型主要用于模拟列车开行方案已知情况下，城市轨道交通网络内乘客及列车的动态变化过程，其运营模拟过程中产生的中间变量可用于计算城市轨道交通网络化列车开行方案对应的适应度函数值，辅助决策者完成城市轨道交通网络化列车开行方案的评估工作。具体仿真过程如图 5-5 所示。

（1）信息输入。将网络客流 OD 需求、网络节点空间结构、线路空间结构、OD 对出行路径等作为基本信息进行输入。

（2）初步仿真。初始化各参数值，令列车数及客流量为 0，然后，随仿真时间的推进，逐步更新乘客及列车的变化状态，直至仿真系统进入稳定状态后停止。

（3）正式仿真。令仿真时间记录变量为 1，根据列车及乘客的动态仿真事件，以一个基本时长为单位，逐步更新时间变量及各参数值，当一个循环

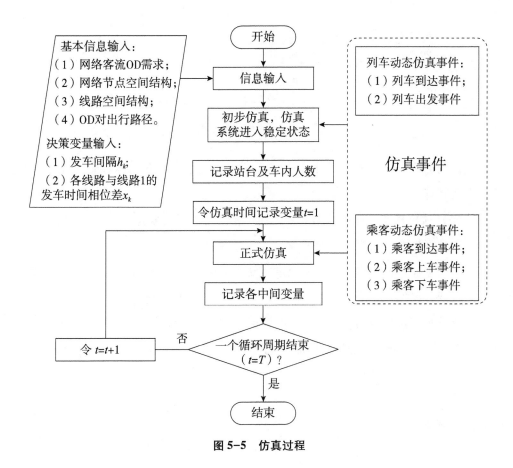

图 5-5　仿真过程

周期结束后，停止仿真，输出各参数。

仿真过程中涉及的列车及乘客的动态仿真事件与第 3 章 3.4.1 节类似，本章不再详述。另外，为降低模型求解难度，在调用乘客上车事件时，不考虑乘客因列车满载而滞留等待的情况，其拥挤状况仅通过拥挤感知函数描述。

## 5.4.3　遗传算法关键步骤设计

（1）染色体编码设计。采用二进制编码方法对染色体进行编码，则一个解 $X = (h_1, h_2, \cdots, h_k, x_2, x_3, \cdots, x_k)$，可以通过一组由 0-1 变量构成的基因组组成的染色体 $[C = (c_1, c_2, \cdots, c_k, c_{k+1}, c_{k+2}, \cdots, c_{2k-1})]$ 表示，其中 $c_k$ 为第 $k$ 个变量的二进制编码基因组，图 5-6 给出了染色体编码示例。

（2）适应度函数值计算。选择式（5-8）作为适应度函数，用以计算各

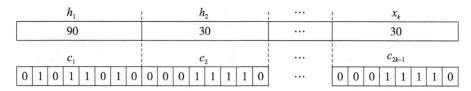

图 5-6　染色体编码示例

染色体的适应度函数值，显然，适应度函数值越小，该染色体对应的列车开行方案越好。

（3）遗传操作。遗传操作主要包括选择、交叉以及变异三种操作。

①选择操作：选用轮盘赌的方式进行选择；

②交叉操作：采用单点交叉法进行交叉，产生子代染色体；

③变异操作：采用单点变异法进行变异，产生新的染色体。

具体求解过程与第 3 章 3.4.2 节类似，本章不再详述。

（4）结束判断：当进化代数达到最大进化代数时，计算结束，输出最优解；否则，进化代数加 1。

## 5.5　算例

本章在构建考虑乘客换乘效率的城市轨道交通网络化列车开行方案优化模型的基础上，通过仿真的方法对乘客换乘过程进行了模拟，并采用遗传算法对模型进行求解，得到网络条件下各线路的最优发车间隔及起点站的发车时间。本节以某城市轨道交通网络为例，验证模型和算法的有效性。

### 5.5.1　算例网络结构

该城市轨道交通网络由 3 条运营线路组成，共包含 18 座车站，且均属于岛式站台车站，其中，3 座换乘站，15 座普通站。该城市轨道交通网络拓扑结构示意如图 5-7 所示，线路旁的数字分别表示区间运行时间及站间距。

在该案例网络中，$S_1$、$S_8$ 和 $S_A$ 分别为线路 1、线路 2 及线路 3 的始发站，列车由上述始发站发车，经折返站 $S_B$、$S_{15}$ 和 $S_7$ 折返，原路返回线路始发站

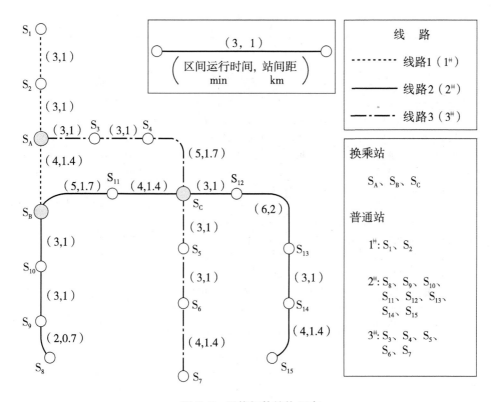

图 5-7 网络拓扑结构示意

进行修整后，在始发站停留，等待下一次发车指示。令各线路的列车折返时间相同，且均为 2.5min，并假设各站停站时间：

$$d_i = \begin{cases} 15s & i = \{S_B, S_{15}, S_7\} \\ 45s & else \end{cases}$$

该案例网络实行一票制收费，即乘客往返于任意 OD 对之间均只需支付 2 元（票价）。各换乘站换乘走行时间均为 1min。案例网络某高峰小时各 OD 对客流量如表 5-2 所示，算例参数取值如表 5-3 所示。

表 5-2 案例网络某高峰小时各 OD 对客流量 单位：人/h

| 车站 | $S_1$ | $S_2$ | $S_3$ | $S_4$ | $S_5$ | $S_6$ | $S_7$ | $S_8$ | $S_9$ | $S_{10}$ | $S_{11}$ | $S_{12}$ | $S_{13}$ | $S_{14}$ | $S_{15}$ | $S_A$ | $S_B$ | $S_C$ |
|---|---|---|---|---|---|---|---|---|---|---|---|---|---|---|---|---|---|---|
| $S_1$ | 0 | 140 | 110 | 110 | 110 | 110 | 110 | 140 | 140 | 140 | 300 | 300 | 300 | 300 | 300 | 100 | 100 | 100 |
| $S_2$ | 140 | 0 | 110 | 110 | 110 | 110 | 110 | 140 | 140 | 140 | 300 | 300 | 300 | 300 | 300 | 100 | 100 | 100 |

| 车站 | $S_1$ | $S_2$ | $S_3$ | $S_4$ | $S_5$ | $S_6$ | $S_7$ | $S_8$ | $S_9$ | $S_{10}$ | $S_{11}$ | $S_{12}$ | $S_{13}$ | $S_{14}$ | $S_{15}$ | $S_A$ | $S_B$ | $S_C$ |
|---|---|---|---|---|---|---|---|---|---|---|---|---|---|---|---|---|---|---|
| $S_3$ | 140 | 140 | 0 | 50 | 300 | 300 | 300 | 240 | 240 | 240 | 400 | 400 | 400 | 300 | 300 | 50 | 160 | 160 |
| $S_4$ | 140 | 140 | 50 | 0 | 300 | 300 | 300 | 240 | 240 | 240 | 400 | 400 | 400 | 300 | 300 | 160 | 160 | 50 |
| $S_5$ | 140 | 140 | 300 | 300 | 0 | 350 | 300 | 240 | 240 | 240 | 400 | 400 | 400 | 300 | 300 | 160 | 160 | 160 |
| $S_6$ | 140 | 140 | 300 | 300 | 350 | 0 | 350 | 240 | 240 | 240 | 400 | 400 | 400 | 300 | 300 | 160 | 160 | 160 |
| $S_7$ | 140 | 140 | 300 | 300 | 300 | 350 | 0 | 240 | 240 | 240 | 400 | 400 | 400 | 300 | 300 | 160 | 160 | 160 |
| $S_8$ | 140 | 140 | 300 | 300 | 300 | 300 | 240 | 0 | 240 | 240 | 400 | 400 | 400 | 300 | 300 | 160 | 160 | 160 |
| $S_9$ | 140 | 140 | 300 | 300 | 300 | 300 | 240 | 240 | 0 | 240 | 400 | 400 | 400 | 300 | 300 | 160 | 160 | 160 |
| $S_{10}$ | 140 | 140 | 300 | 300 | 300 | 300 | 240 | 240 | 240 | 0 | 400 | 400 | 400 | 300 | 300 | 160 | 160 | 160 |
| $S_{11}$ | 140 | 140 | 300 | 300 | 300 | 300 | 240 | 240 | 240 | 240 | 0 | 400 | 400 | 300 | 300 | 160 | 50 | 50 |
| $S_{12}$ | 140 | 140 | 300 | 300 | 300 | 300 | 240 | 240 | 240 | 240 | 400 | 0 | 400 | 300 | 300 | 160 | 160 | 50 |
| $S_{13}$ | 140 | 140 | 300 | 300 | 300 | 300 | 240 | 240 | 240 | 240 | 400 | 400 | 0 | 300 | 300 | 160 | 160 | 160 |
| $S_{14}$ | 140 | 140 | 300 | 300 | 300 | 300 | 240 | 240 | 240 | 240 | 400 | 400 | 400 | 0 | 300 | 160 | 160 | 160 |
| $S_{15}$ | 140 | 140 | 300 | 300 | 300 | 300 | 240 | 240 | 240 | 240 | 400 | 400 | 400 | 300 | 0 | 160 | 160 | 160 |
| $S_A$ | 140 | 140 | 300 | 300 | 300 | 300 | 240 | 240 | 240 | 240 | 400 | 400 | 400 | 300 | 300 | 0 | 160 | 160 |
| $S_B$ | 140 | 140 | 300 | 300 | 300 | 300 | 240 | 240 | 240 | 240 | 50 | 400 | 400 | 300 | 300 | 160 | 0 | 160 |
| $S_C$ | 140 | 140 | 300 | 300 | 300 | 300 | 240 | 240 | 240 | 240 | 50 | 50 | 400 | 300 | 300 | 160 | 160 | 0 |

表 5-3　　　　　　　　　　　　　　算例参数取值

| 参数 | 含义 | 取值 | 单位 |
|---|---|---|---|
| $\delta$ | 优化精度 | 15 | s |
| $\vartheta$ | 列车最大载客率 | 115 | % |
| $b_k$ | 线路 $k$ ($k=1, 2, 3$) 的列车编组辆数 | 6 | 辆 |
| $CS$ | 座位数 | 42 | 人/辆 |
| $CA$ | 额定载客数 | 245 | 人/辆 |
| $CO$ | 线路运营补贴额度 | 100000 | 元/h |
| $P$ | 运营单位最低收益要求 | 0 | 元/h |
| $h_k^{max}$ | 列车发车间隔上限 | 8 | min |
| $h_k^{min}$ | 列车发车间隔下限 | 3 | min |
| $G_n$ | 站台 $n$ ($n=S_1, S_2, \cdots, S_{15}, S_A, S_B, S_C$) 的安全容量 | 1500 | 人 |
| $\alpha_k$ | 线路 $k$ ($k=1, 2, 3$) 上单位车辆时间的车辆购置费用 | 6 | 元/(辆·min) |
| $\beta_k$ | 线路 $k$ ($k=1, 2, 3$) 上单位车辆走行公里的换算费用 | 30 | 元/(辆·km) |
| $\theta_1$ | 乘客候车时间价值 | 25 | 元/h |
| $\theta_2$ | 乘客在车时间价值 | 20 | 元/h |
| $\theta_3$ | 乘客换乘走行时间价值 | 25 | 元/h |
| $\eta_1$ | 拥挤费用修正系数1 | 0.1 | — |
| $\eta_2$ | 拥挤费用修正系数2 | 0.3 | — |
| $\lambda_1$、$\lambda_2$ | 权值系数 | 0.5 | — |

### 5.5.2 算例结果分析

#### 1. 算例结果展示

根据 5.5.1 节提出的基本算例参数，结合 5.4 节基于仿真的遗传算法，对算例进行求解。其中，遗传算法的各项参数取值如表 5-4 所示。

表 5-4 遗传算法参数取值

| 参数 | 含义 | 取值 |
|---|---|---|
| $pop\_size$ | 种群规模 | 50 |
| $max\_generation$ | 最大进化代数 | 60 |
| $p_c$ | 交叉概率 | 0.9 |
| $p_m$ | 变异概率 | 0.2 |

通过 MATLAB 2010b 编程实现模型的具体求解过程，并采用联想个人电脑（Intel Celeron CPU G1620 2.70GHz，RAM 2.00G）进行测算。结果表明，遗传算法能够有效求解本章提出的列车开行方案优化模型，并在 50 代后开始收敛，其求解效率较高。遗传算法的具体收敛情况如图 5-8 所示。

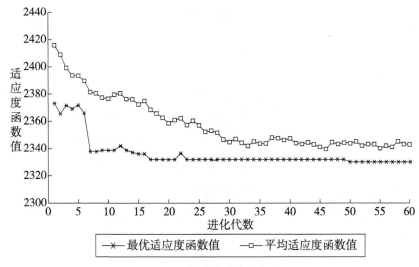

图 5-8 遗传算法收敛情况

优化结果显示，当线路 1、线路 2 及线路 3 的列车发车间隔分别为 5.25min、3.5min 及 3.5min，线路 2 与线路 1 的发车时间相位差为 1min，线路 3 与线路 1

的发车时间相位差为 2.25min 时，系统综合费用最小，约为 2330.2 元。$S_A$ 站、$S_B$ 站列车衔接效果如图 5-9 所示。

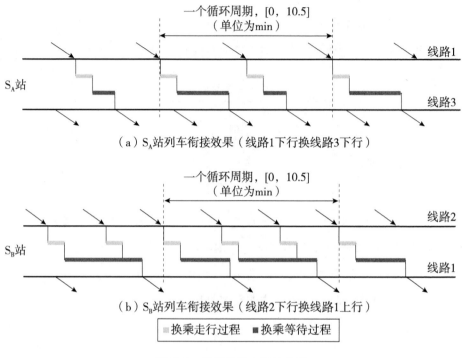

（a）$S_A$ 站列车衔接效果（线路1下行换线路3下行）

（b）$S_B$ 站列车衔接效果（线路2下行换线路1上行）

■换乘走行过程 ■换乘等待过程

图 5-9　换乘站列车衔接效果

$S_A$ 站线路 1 下行换乘线路 3 下行方向列车，平均约花费 3.38min，其中换乘走行时间为 1min，换乘平均候车时间约为 2.38min，最长候车时间为 3.25min，最短候车时间为 1.5min；$S_B$ 站线路 2 下行换乘线路 1 上行方向列车，平均花费 4min，其中换乘走行时间为 1min，换乘平均候车时间为 3min，最长候车时间为 4.75min，最短候车时间为 1.25min。

一个循环周期内，换乘站 $S_A$、$S_B$ 和 $S_C$ 的站台聚集人数变化分别如图 5-10、图 5-11 和图 5-12 所示。

一个循环周期内，非换乘始发终到站 $S_1$、$S_7$、$S_8$ 和 $S_{15}$ 的站台聚集人数变化如图 5-13 所示，部分非换乘中间站（$S_4$ 和 $S_{13}$）的站台聚集人数变化如图 5-14 所示。

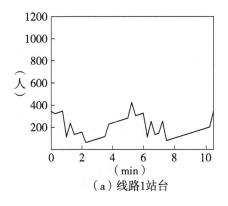

（a）线路1站台

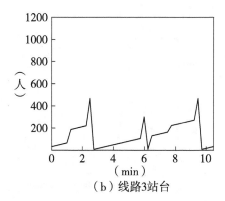

（b）线路3站台

图 5-10　$S_A$ 站的站台聚集人数变化

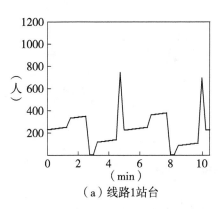

（a）线路1站台

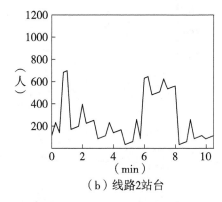

（b）线路2站台

图 5-11　$S_B$ 站的站台聚集人数变化

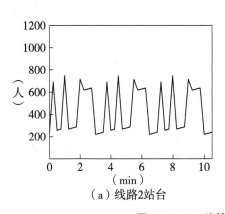

（a）线路2站台

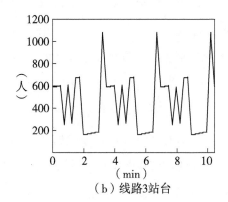

（b）线路3站台

图 5-12　$S_C$ 站的站台聚集人数变化

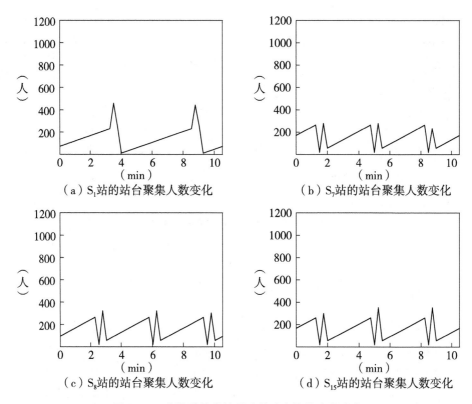

（a）S₁站的站台聚集人数变化　　　（b）S₇站的站台聚集人数变化

（c）S₈站的站台聚集人数变化　　　（d）S₁₅站的站台聚集人数变化

**图5-13　非换乘始发终到站的站台聚集人数变化**

对比图5-10、图5-11、图5-12、图5-13及图5-14可以发现，与非换乘站相比，换乘站站台聚集人数的变化幅度较大，且站台聚集人数突变现象明显，$S_A$、$S_B$、$S_C$站的站台最高聚集人数分别为468人、745人和1082人，而所有非换乘站的站台最高聚集人数仅为459人（$S_1$站），其中，部分非换乘站的站台最高聚集人数甚至低于350人，如$S_2$、$S_5$、$S_{10}$站。这说明，与非换乘站相比，换乘站面临的客流冲击更大，尤其是换乘乘客的换乘候车行为使得换乘站的站台聚集人数激增。因此，城市轨道交通运营部门应该更加重视换乘站的客流集散工作，减少站台安全隐患。

**2. 模型优越性分析**

为验证模型的优越性，将本章模型的优化结果分别与王永亮等（2012）、Aksu 和 Akyol（2014）提出的优化模型所得结果进行对比，如表5-5所示。

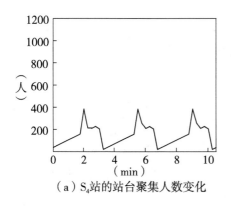

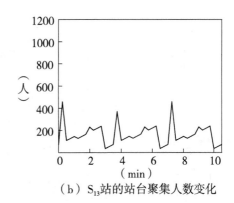

（a）$S_4$站的站台聚集人数变化　　　（b）$S_{13}$站的站台聚集人数变化

**图5-14　部分非换乘中间站的站台聚集人数变化**

其中，在采用王永亮等（2012）提出的优化模型（模型1）对算例进行优化时，假定所有线路均只开行大交路列车；在采用 Aksu 和 Akyol（2014）提出的优化模型（模型2）对算例进行优化时，不考虑列车区间运行时间的变化，即假定列车的区间运行及停站时间已知且恒定不变。

同时，为了更加全面地比较和分析计算结果，本章引入了两个指标：站台最高容客率和列车最大载客率。这两个指标分别用来衡量站台和列车内部的拥挤程度。计算式：

$$CRP = \max_{m \in M} \left\{ \frac{\max_{t \in (0,\ T]} \{\tilde{q}_m^t\}}{G_m} \right\} \tag{5-14}$$

$$CRT = \max_{k \in K,\ (n_1,\ n_2) \in a_k} \left\{ \frac{\max_{i \in I_{(n_1,\ n_2)}} \{q_{(n_1,\ n_2)}^i\}}{b_k \cdot CA} \right\} \tag{5-15}$$

式（5-14）中，$CRP$ 表示站台最高容客率，用于衡量站台拥挤程度，站台最高容客率越高，站台乘客越拥挤，站台安全隐患越大；式（5-15）中，$CRT$ 表示列车最大载客率，用于反映车内拥挤程度，列车最大载客率越高，车内越拥挤，车内安全隐患越大。

表5-5　　　　　　　　　　优化结果对比

| | | 模型1 | 模型2 | 本章模型 |
|---|---|---|---|---|
| 列车开行方案 | $(h_1,\ h_2,\ h_3)$/min | (6.00, 3.50, 4.50) | (4.50, 4.50, 4.50) | (5.25, 3.50, 3.50) |
| | $(x_2,\ x_3)$/min | (0, 0) | (2.50, 3.50) | (1.00, 2.25) |

| | 模型 1 | 模型 2 | 本章模型 |
|---|---|---|---|
| 站台最高容客率/% | 115.5 | 117.0 | 72.1 |
| 列车最大载客率/% | 93.0 | 96.2 | 81.8 |
| 乘客出行费用/元[#] | 3822.4 | 3869.8 | 3626.0 |
| 乘客换乘总等待时间/h[#] | 17.0 | 14.6 | 12.0 |
| 运营费用/元[#] | 939.4 | 850.7 | 1034.3 |
| 综合费用/元[#] | 2380.9 | 2360.3 | 2330.2 |

注：上角标"[#]"指平均到单位时间（15s）内的结果。

从表 5-5 中可以看到，除运营费用外，本章模型在各项指标上都明显优于另外两个优化模型，其综合费用比模型 1 降低了 2.13%，比模型 2 降低了 1.28%，且各项服务指标（如站台最高容客率及列车最大载客率等）均在安全范围之内。其主要原因列举如下。

（1）与王永亮等（2012）提出的优化模型相比，本章模型更为细致地考虑了乘客的换乘等待过程及各接续列车上产生的拥挤费用，而王永亮等（2012）提出的优化模型中，并未考虑换乘乘客在各接续列车上的具体分布情况，且在计算乘客换乘等待时间时，采用均值（即发车间隔的一半）进行简化处理，从而大大降低了列车开行方案的换乘衔接效果。可以看到，三个优化模型中，模型 1 最优列车开行方案下的乘客换乘总等待时间为 17.0h，是模型 2 的 1.16 倍，是本章模型的 1.42 倍。

（2）Aksu 和 Akyol（2014）虽然细致地考虑了各条运营线路间的乘客换乘等待过程，但其忽略了拥挤对乘客造成的在车时间感知误差（即未考虑拥挤费用），从而导致车内拥挤成本的快速增加。可以看到，三个优化模型中，模式 2 最优列车开行方案下的列车最大载客率为 96.2%，同时，列车载客量的增加给车站造成更为严峻的客流冲击，其最优列车开行方案下的站台最高容客率为 117.0%，是模型 1 的 1.01 倍，是本章模型的 1.62 倍。而本章模型在模型 2 的基础上，增加了乘客拥挤费用，从而更为细致、准确地描述了乘客出行费用，获得了更佳的列车开行方案。

## 5.6 本章小结

本章针对非连通型城市轨道交通网络，以列车发车间隔、列车容量、站台容量、运营补贴等为约束，以乘客及运营企业综合费用最小为目标，建立了城市轨道交通网络化列车开行方案优化模型，旨在优化各运营线路发车间隔及发车时间相位差。然后，根据模型特点，提出了一种基于模拟仿真的遗传算法，对模型进行求解。最后，为验证模型的有效性及优越性，本章将该优化模型运用于某城市轨道交通网络，并将其与其他两种优化模型进行对比。

本章的主要工作及结论如下。

（1）充分考虑了城市轨道交通网络的周期性运行特点，给出了循环周期的确定方法，并以该周期为运算时长，提出了网络列车运转及乘客换乘仿真方法，从而得到各次列车的详细载客量及乘客的详细换乘时间。基于上述仿真结果，给出了一个计算周期内城市轨道交通网络运营费用及乘客出行费用的计算方法，并以此为基础，建立了城市轨道交通网络化列车开行方案优化模型。

（2）以某城市轨道交通网络为例，应用本章提出的城市轨道交通网络化列车开行方案优化模型，并通过遗传算法进行求解，最终，确定了各条运营线路的最优列车发车间隔及发车时间相位差。计算结果表明，遗传算法的求解效率较高，在第 50 代后开始收敛；当决策变量 $(h_1, h_2, h_3, x_2, x_3) =$ (5.25, 3.50, 3.50, 1.00, 2.25) 时，系统综合费用最小，即一个单位时间内的系统综合费用为 2330.2 元，其中，乘客换乘总等待时间为 12.0h，乘客出行费用为 3626.0 元，运营费用为 1034.3 元。

（3）基于相同的算例，将本章模型的优化结果分别与王永亮等（2012）、Aksu 和 Akyol（2014）提出的优化模型所得结果进行对比。结果显示，本章模型具有较强的优越性，其综合费用相较于王永亮等（2012）提出的优化模型降低了 2.13%，相较于 Aksu 和 Akyol（2014）提出的优化模型降低了 1.28%，且各项服务指标（如站台最高容客率、列车最大载客率等）均在安全范围之内。本章模型充分结合了其他两个优化模型的优点，能够更加准确地估算乘客出行费用。

# 6 城市轨道交通客货协同方案设计展望

## 6.1 概述

  城市物流是社会经济发展和居民生活保障的重要支柱。目前，以公路运输为主的物流系统给城市发展带来了交通拥堵、环境污染等负面影响。研究显示，城市货运占据了30%~40%的道路资源，产生了16%~50%的空气污染及碳排放（王小林和赵瀚，2019；Muñoz-villamizar 等，2020）。《"十四五"现代物流发展规划》等文件指出，要深化推进物流业降本增效、持续推动绿色低碳发展。

  依托城市轨道交通富余运力提供城市物流服务，是提高既有资源利用率、应对交通拥堵、推动城市物流绿色低碳发展的重要策略（胡万杰等，2023）。城市轨道交通具有低能耗、大运量、零排放、安全性能高等特点，其连接了城市商业中心、商务中心、交通枢纽、居民区等高物流需求区域，且在平峰期拥有一定规模的富余运力，具备开展城市物流的潜力（谭寅亮和孙有望，2009；刘崇献，2011）。既有研究从设施设备、运营管理、经济效益、公众认可度、货运竞争力等方面充分论证了城市轨道交通物流的可行性（张梦霞等，2020；王强和何艺鸣，2021；Zheng 等，2020；Ma 等，2022）。显然，利用城市轨道交通的富余运能和高通达性构建城市地下物流系统，能够在实现物流业节能环保、降本增效的同时，缓解城市交通拥堵，提高城市轨道交通运营企业收入。因此，"城市轨道交通物流系统"逐渐受到了管理者和研究者的关注。

  我国政府相继出台了多项文件，探索并推动城市轨道交通物流发展。《交通强国建设纲要》、《交通运输部关于服务构建新发展格局的指导意见》、《交通领域科技创新中长期发展规划纲要（2021—2035 年）》以及《"十四五"交通领域科技创新规划》等文件提出发展城市地下物流配送系统、开发适用于地铁客运空档期的专用的载运工具等工作要求。各地政府也在当地的政策文件中提出了发展城市轨道交通物流的想法，如《北京物流专项规划》、《深圳市现代物流基础设施体系建设策略（2021—2035）及近期行动方案》等。

世界各地也积极开展了试点工作，从实践层面探索城市轨道交通物流新模式。自 1927 年起，纽约、德累斯顿、阿姆斯特丹、苏黎世、不来梅、巴黎等国外城市陆续开展了城市轨道交通物流试点（Ozturk 和 Patrick，2018；Cleophas 等，2019；胡万杰等，2022）。在国内，2021 年 10 月，深圳地铁物流服务开通，利用平峰时段运输旅客行李；2022 年 7 月，广州地铁 18 号线进行了地铁物流的初步探索；2023 年 9 月，北京地铁 4 号线、9 号线、燕房线利用非高峰时段富余运力，在不进行设施设备改造的基础上，组织快递运输；2023 年 11 月，邮政、顺丰和无锡地铁三方正式签署合作协议，无锡轨道交通全新开启"送快递"模式。

虽然城市轨道交通物流得到了明确的政策支持，各地城市轨道交通货运服务试运行也取得了良好成效，但在大规模推广过程中，运营组织依然是执行层面需要解决的核心难题（Behiri 等，2018；王月丽等，2023）。为了攻克这一难题，需回答以下三方面问题。

城市轨道交通货运服务会对乘客满意度产生怎样的影响？城市轨道交通货运服务主要以客运原有设施为基础，因此，城市轨道交通货运服务的引入势必会对乘客满意度产生多维且复杂的影响。从影响的要素看，城市轨道交通货运服务的影响将渗透到乘客出行的各个感知维度，如候车时间、拥挤感知等；从影响产生的过程看，除了直接影响乘客的感官体验外，还可能通过改变运营组织方案、引发客货流冲突等方式，对乘客满意度产生间接影响。鉴于此，为保证客货混运方案的合理编制，应优先开展客货混运背景下的乘客满意度测度研究，并充分分析城市轨道交通货运服务对乘客满意度产生的各类影响。

城市轨道交通列车时刻表如何与货流分配进行联合优化？由于货物无法自主移动，其运输需要运营部门统一调配。因此，在客货混运模式下，城市轨道交通的运营组织不仅要确定列车的到发时刻，还要合理规划货物的运输方案，才能确保整个系统的有序运行。鉴于此，在开展城市轨道交通客货混运方案设计时，需要解决列车时刻表与货流分配的联合优化问题（Di 等，2022；潘寒川等，2023）。

如何推动城市轨道交通不同线路间的客货运输协调配合？随着我国城市轨道交通运营里程逐年增加，各大城市形成了不同程度的网络化运营格局。2024 年城市轨道交通运营数据速报显示，截至 2024 年年底，全国共计 40 个城市拥有 2 条及以上运营线路。然而，网络化运营在提高城市轨道交通服务能力的同时，也对其运营组织提出了更高的要求。管理者不仅需要关注单条线路的运营优化，还需要考虑线路间的协同运营优化（Luan 和 Corman，2022；Liu 等，2023），这一要求在客货混运的城市轨道交通网络中依然重要。因此，为充分发挥城市轨道交通网络的综合优势，需以网络协同运营为目标，开展客货协同方案设计与优化。

值得一提的是，客货混运方式可以分为专列模式（独立货运列车运行）和混编模式（客货装载在同一趟列车不同车厢）两类（肖雅玲等，2023；Hörsting 和 Cleophas，2023）。由于组织方式的不同，这两种模式在列车编组、停站策略等方面存在差异，进而对乘客满意度的影响机理也各不相同。特别是混编模式，其引发的客货交互影响错综复杂，运营方案呈现多样化特点，从而加大了制定优化策略的难度。然而，该模式能更灵活地利用城市轨道交通富余运力，进而实现更高的运行效率（潘寒川等，2023；潘欣维等，2022）。本章以更为灵活的混编模式为对象开展相关分析。

## 6.2 国内外研究现状

本节以城市轨道交通客货混运为研究背景，对乘客满意度测度及影响机理、单线运营背景下的列车时刻表与货流分配联合优化、网络运营背景下的列车时刻表与货流分配联合优化三方面的国内外研究动态进行总结。

## 6.2.1　客货混运背景下的乘客满意度测度及影响机理研究

乘客满意度的研究起源于 20 世纪 60 年代，由 Cardozo（1965）率先提出，并作为营销理念融入经济学研究范畴。1995 年，美国首次将乘客满意度指标纳入全国家庭出行调查，此举标志着乘客满意度在交通服务领域的初步渗透（单汨源等，2020）。随后，交通领域的研究者日益认识到乘客满意度的重要性，并将其广泛应用于航空（Song 等，2024）、城市轨道交通、公交（Ganji 等，2021）、高铁等细分领域。

在城市轨道交通系统中，乘客满意度反映了乘客对服务质量的主观评价（杨林川等，2023），是开展运营组织优化的重要基础（陈坚等，2018）。既有研究已形成了较为完善的乘客满意度评价方法体系，在此基础上，借助情景模拟、灵敏度分析、系统动力学等方法，能够量化分析运营组织方案、限流策略、票价等因素对乘客满意度的影响程度。既有城市轨道交通乘客满意度测度方法可分为两类。

第一类方法主要是通过设置多层级、多维度的乘客满意度评价指标体系，基于问卷调查数据，运用 Pearson 相关分析（Song 等，2024）、Logit 模型、Probit 模型（Choi 等，2021）、结构方程模型（Li 等，2022）、回归模型（霍月英等，2019）、贝叶斯网络（Mandhani 等，2020）等，构建乘客满意度测度模型，实现对乘客满意度的量化评估及影响机理分析。此类方法能够全面考虑各类指标，包括难以直接量化的主观指标，从而确保对乘客满意度的全面、综合和深入分析。

第二类方法主要是通过构建乘客出行效用或广义费用函数，间接量化乘客满意度。该方法简明直观，且能够分析主、客观重要指标，因而被广泛运用于运营组织优化研究，如车站限流方案优化研究（Liu 等，2021）、列车时刻表优化研究（Liu 等，2023）等；亦常被用于乘客出行行为研究，如出行路径选择研究、出发时间选择研究（Cheng 等，2019）等。

总体而言，城市轨道交通乘客满意度研究已取得了较为丰富的成果，但多聚焦于仅考虑客运服务的城市轨道交通系统，客货混运背景下的研究相对有限。在城市轨道交通客货协同运营优化研究中，邸振等（2022）和 Hou 等（2024）采用了第二类方法对乘客满意度进行分析，但这些研究更侧重于优化模型的构建，对乘客满意度的评估并不全面，大多局限于出行延误或等待时间等因素。然而，在客货混运背景下，乘客满意度不仅是开展客运组织优化的基础，也是城市轨道交通物流实施过程中亟待评估的核心议题（胡万杰等，2023）。因此，客货混运背景下的乘客满意度研究需更为细致全面，既要关注运输效率等客观指标，也要兼顾乘客的主观体验，更要系统探究货运服务对乘客满意度产生的多样化影响。

## 6.2.2　单线运营背景下的列车时刻表与货流分配联合优化研究

列车时刻表优化与货流分配问题在城市轨道交通运营与货运组织领域均备受关注。传统的城市轨道交通列车时刻表问题，聚焦于确定各次列车在每一个车站的到达、出发和通过时刻（Goossens 等，2004）。随着对服务质量要求的提升，学者们开始将列车开行方案编制、车底调度等阶段的研究内容作为决策变量纳入列车时刻表的研究范畴（牛惠民，2021）。列车编组方案（Ying 等，2022；李伟等，2024）、开行对数（金波等，2022）、运行交路（张海等，2022）、停站方案（Jiang 等，2019）、车底运用（Zhou 等，2022；周文梁等，2023）等均被纳入过列车时刻表的研究范畴。

货流分配研究是指在特定的物流网络中，依据各种约束条件为货物选择适宜的运输路径与方式，以实现系统整体最优。合理的货流分配方案能够有效提升运输网络的运作效率和运输资源的利用效率（王清斌等，2020）。学者们就该问题在铁路网络（刘畅，2020）、公路网络（尹传忠等，2023）、航空网络（柳欣宇等，2021）、海运网络（刘乐星和梁红艳，2023）、综合运输网络（李海鹰等，2020）以及通用物流网络中进行了深入探索。

客货混运背景下的城市轨道交通运营组织是一个城市轨道交通线路列车时刻表与货流分配联合优化问题，需要充分融合前述两类研究成果。根据组织模式的不同，既有研究可分为专列模式和混编模式两类，代表性研究成果如表 6-1 所示。

表 6-1　　客货混运背景下的城市轨道交通线路列车时刻表
与货流分配联合优化问题代表性研究成果

| 相关研究的作者 | 类型 | 组织模式 | 优化目标 | 客运保障 | 列车到发时刻 | | 列车开行趟次 | |
|---|---|---|---|---|---|---|---|---|
| | | | | | 客 | 货 | 客 | 货 |
| Cacchiani 等（2010） | F | 专列 | 货运列车数量 | A | — | √ | — | — |
| Chebbi 和 Chaouachi（2016） | F | 混编 | 空载率和运营车辆数 | S | √ | √ | — | — |
| Behiri 等（2018） | F/Z | 混编 | 货物等待时间 | O | √ | √ | — | — |
| Ozturk 和 Patrick（2018） | F | 专列 | 货物交付延误 | A | — | √ | — | — |
| 周芳汀等（2018） | F | 混编 | 运输成本 | A | — | — | — | — |
| 周晓晔等（2020） | F | 混编 | 配送距离 | A | — | — | — | — |
| Li 等（2021） | F | 专/混 | 运营公司利润 | S | — | √ | — | — |
| Di 等（2022） | F | 混编 | 客货延误和运营成本 | O | — | — | — | — |
| Li 等（2022） | F | 混编 | 货物运输时间 | S | — | — | — | — |
| Sahli 等（2022） | F | 专列 | 货物等待时间 | A | — | √ | — | — |
| Ye 等（2022） | F | 混编 | 货物等待时间 | A | √ | — | — | — |
| 邸振等（2022，2024） | F | 混编 | 客货延误和运营成本 | O | — | — | — | — |
| 李竹君等（2022） | F | 专/混 | 货物服务净收益 | A | — | √ | — | — |
| 潘欣维等（2022） | F | 专/混 | 乘客延误和货物等待时间 | O | √ | √ | √ | √ |
| 戚建国等（2022） | F | 专/混 | 乘客等待时间和运营成本 | O | √ | √ | — | — |
| Hörsting 和 Cleophas（2023） | Z | 混编 | 等待乘客数量、货物延迟及未被服务次数 | O | √ | √ | √ | — |

续　表

| 相关研究的作者 | 类型 | 组织模式 | 优化目标 | 客运保障 | 列车到发时刻 | | 列车开行趟次 | |
|---|---|---|---|---|---|---|---|---|
| | | | | | 客 | 货 | 客 | 货 |
| 潘寒川等（2023） | F | 混编 | 客货等待时间和能耗 | O | √ | √ | — | √ |
| 肖雅玲等（2023） | F | 专/混 | 货运服务净收益 | A | — | √ | — | — |
| Hou 等（2024） | Z | 混编 | 乘客等待时间和平均满载率 | S | — | — | — | — |

注："类型"列中，"F"表示非周期性时刻表，"Z"表示周期性时刻表，"F/Z"表示非周期性时刻表及周期性时刻表；"组织模式"列中，"专列"表示专列模式，"混编"表示混编模式，"专/混"表示专列模式及混编模式；"客运保障"列中，"A"表示假设客货不影响，"S"表示通过约束条件保障客运服务，"O"表示通过优化目标保障客运服务；"列车到发时刻"列中，"√"表示考虑列车到发时刻的变化，"—"表示没有考虑列车到发时刻的变化；"列车开行趟次"列中，"√"表示考虑列车开行趟次的变化，"—"表示没有考虑列车开行趟次的变化。

　　针对专列模式，以货运列车数量、货物交付延误、货物等待时间等为优化目标，Cacchiani 等（2010）、Ozturk 和 Patrick（2018）、Sahli 等（2022）确定了各次货运专列的到发时刻。然而，上述研究多将货运系统视为独立运作的体系，以不干扰客运服务为前提开展研究，这种做法难以充分利用客运列车的剩余运力，从而限制了客货协同运营的可能性，不利于推动客货运输的深度融合与高效协同。

　　针对混编模式，根据优化目标，周芳汀等（2018）、周晓晔等（2020）、Ye 等（2022）、李竹君等（2022）、肖雅玲等（2023）对列车编组方案及载货方案进行了优化；然而，这些研究忽略了因客运容量压缩而引发的乘客满意度下降等潜在问题。为更全面地考虑混编模式下客货运输的相互影响，Di 等（2022）、邸振等（2022，2024）在研究中引入了客货延误这一优化目标，旨在提升乘客满意度，使乘客延误时间最小；Li 等（2021）、Li 等（2022）、Hou 等（2024）在约束条件中增加了对乘客延误时间的限制，以确保在优化货运方案时不会过度牺牲客运服务质量；然而，上述文献虽然考虑了乘客满意度的变化，但忽视了客运与货运列车时刻表联调所能带来的协同增效潜力。为提高客货协同效果，Chebbi 和 Chaouachi（2016）、Behiri 等（2018）、戚建国等（2022）、潘寒川等（2023）进一步考虑了客运服务和货运服务间的相互影响，在优化货运方案的同时，对客运列车时刻表进行协同优化；这种综合优化的方法有助于更好地平衡客货运输需求，提升整体运营效率。此外，潘欣维等（2022）、Hörsting 和 Cleophas（2023）还将列车开行对数作为决策变量纳入模型，进一步丰富了混编模式的优化手段；但上述研究的优化目标相对单一，对货主、乘客和运营企业三方利益的考虑不足。

客货混运背景下的运营组织优化研究在干线铁路上也积累了较为丰富的经验，其多以货运专列模式为主，涵盖了行包专列（王莹和刘军，2007）、集装箱专列（江雨星和牛惠民，2020；李琳和张小强，2024）、高铁动车组货运专列（贺政纲等，2019；Zhen 等，2023）等类型。针对混编模式，既有文献多以总运输成本最小为目标，在同时满足货主时限、列车容量以及列车停站要求等约束的基础上，建立优化模型，如 Xu 等（2022）、徐光明等（2024）。尽管上述研究能够为城市轨道交通客货混运方案优化提供参考借鉴，但由于城市轨道交通系统具有其独特的特点，如发车频繁、停站时间短、集散变化快、存在滞留等待现象、乘客拥挤感知特征显著等，上述研究成果无法直接应用于城市轨道交通系统。

综上所述，既有研究在城市轨道交通线路列车时刻表与货流分配联合优化领域形成了较为丰富的研究成果，充分揭示了联合优化在提升城市轨道交通客货运输效率和服务质量方面的巨大潜力。然而，既有研究仍存局限性，主要体现在优化目标相对单一，对货主、乘客、运营企业三方利益的考量尚显不足，这在一定程度上限制了模型的优化效果和应用价值。因此，应充分关注货主、乘客、运营企业三个核心利益主体，深入探究不同主体间的相互影响和作用关系，进而构建更为全面和精细的城市轨道交通线路列车时刻表与货流分配联合优化模型。

## 6.2.3　网络运营背景下的列车时刻表与货流分配联合优化研究

随着我国城市轨道交通运营里程的持续增长，城市轨道交通网络化运营特征越发显著，城市轨道交通网络客货协同优化需求日益迫切。因此，以城市轨道交通网络为研究对象，深入开展网络化协同运营组织优化研究，已成为当前研究热点。

目前，城市轨道交通网络列车时刻表协同优化研究主要聚焦于客运领域。其优化求解思路与线路优化方法类似，即通过构建数学优化模型，寻找合理的解决方案，以实现乘客和运营企业利益的最大化。然而，相较于线路优化而言，网络环境下的建模涉及的要素更加复杂，具体表现在两个方面。一方面，需要考虑乘客的路径选择行为，以准确刻画客流在路网中的时空分布特征。例如，孙梦霞等（2020）、Yin 等（2021）、Luan 和 Corman（2022）在进行城市轨道交通网络列车时刻表优化时，通过离散选择模型、历史数据模拟等方法，获取乘客的路径选择结果。另一方面，还需关注不同线路间列车时刻表的协调配合，以满足乘客的换乘需求。例如，黄俊生等（2023）、张路凯等（2023）在构建优化目标时考虑了换乘等待时间等换乘要素；而王周全等（2016）、宁丽巧等（2019）、Liu 等（2023）更是将换乘协同作为模型的唯一优化目标，以进一步提升城市轨道交通网络列车的协同运营效率。

针对客货混运的城市轨道交通网络，开展列车时刻表与货流分配联合优化的研究相对有限。杨婷等（2019）建立带时间窗的地铁货运系统路径优化模型，提出了地铁网络中货运专列的开行需求。刘亚楠等（2019）以时间成本、车辆成本和运输成本最小为目标，提出了基于地铁的城市物流配送路径优化方法，明确了地铁网络内的货运服务需求。Ye 等（2021）考虑了固定和灵活的货运加载方式，提出了地铁客货运输的混合决策模型，并采用改进的邻域搜索算法进行求解。陈一村等（2020）以地铁网络富余能力利用率最大为目标，构建了列车开行方案与货流分配联合优化模型。郑长江等（2022）利用地铁列车增设货运车厢的模式，构建了基于地铁的地上地下闭环物流配送路径优化模型，确定了地铁列车货运车厢的增设需求。然而，上述文献对网络化协同运营的考量尚显不足。

此外，列车时刻表与货流分配联合优化问题在干线铁路、航空等网络中也受到关注。例如，以高铁为研究对象，陈星瀚等（2022）研究了需求变动下的快运货流分配与运输组织模式联合优化问题；金伟等（2020）研究了高速铁路快运配载及组织方案优化问题；高如虎等（2020）研究了时变需求导向下的高铁快运专列时刻表和配装方案综合优化问题。在航空领域中，Zhang等（2017）运用 MIP 模型和混合算法，研究了航空货运网络规划与调度联合优化问题；Delgado 等（2019）通过建立多阶段随机规划模型，确定了客货混运方案；柳欣宇等（2021）建立了运力配置和货流分配一体化的混合整数规划模型，以降低运输成本、提高运输效率。上述研究能够为城市轨道交通线路列车时刻表与货流分配联合优化建模及求解提供借鉴，但由于城市轨道交通网络具有换乘频繁、流量集散变化快、换乘协同要求高等特点，上述成果无法直接应用。

总体而言，既有文献在城市轨道交通网络列车时刻表与货流分配联合优化方面已取得了一定进展，但对网络化协同运营的考虑尚显不足，这制约了城市轨道交通网络化运营优势的发挥。因此，为推动城市轨道交通物流的规模化发展，亟须以客货混运为背景，在充分考虑不同线路间乘客换乘及货物中转需求的基础上，深入开展城市轨道交通网络列车时刻表与货流分配联合优化研究。

## 6.2.4　研究现状评述

既有研究为城市轨道交通客货协同方案设计提供了丰富的理论基础，也留下了充足的研究空间，主要体现在以下三个方面。

（1）既有研究在分析城市轨道交通乘客满意度时，多侧重于传统的客运服务视角，较少涉及客货混运背景下的综合考量。尽管既有研究已构建了较为完善的方法体系，但由于在体系构建之初未能充分考虑客货混运的特殊性，导致研究成果难以有效指导客货混运模式下的城市轨道交通运营组织优化工作。鉴于此，有必要在分析乘客出行和货运作业全过程的基础上，提出适用于客货混运的乘客满意度测度方法，系统挖掘货运服务对乘客满意度的影响。

（2）针对客货混运的城市轨道交通系统，既有列车时刻表与货流分配联合优化研究对相关主体利益的考虑不够周全。相较于仅考虑客运的城市轨道交通系统而言，客货混运的城市轨道交通系统面临的情境更为复杂。它不仅需要服务特征迥异的客货两类需求，还需要平衡货主、乘客及运营企业之间的利益冲突。为充分利用平峰时段城市轨道交通系统的富余运力，必须深入理解并重视这三类利益主体的核心关切。通过分析不同主体间的相互影响和作用机制，探寻客运与货运业务之间的协同配合规律，这样才能构建高效合理的列车时刻表与货流分配联合优化方案。

（3）针对客货混运的城市轨道交通系统，既有列车时刻表与货流分配联合优化研究多聚焦于单条线路，对网络化协同运营的探讨尚显不足。与单条线路相比，成网条件下的城市轨道交通系统更能充分发挥其快速高效、大运量的优势。然而，在网络化运营格局下，如何促进多线路间的协同配合成为一个亟待解决的重要问题，这一问题在客货混运的城市轨道交通网络中同样突出。因此，为有效推动城市轨道交通物流的规模化发展，需要以客货混运为背景，在充分考虑乘客换乘和货物中转需求的基础上，深入开展城市轨道交通网络客货协同优化研究。

## 6.3　客货协同方案设计及优化研究展望

针对既有研究存在的不足，本节将围绕混编模式，针对平峰时段的城市轨道交通网络，进行客货协同方案设计及优化研究展望分析。

### 6.3.1　客货混运背景下的乘客满意度测度及影响机理研究展望

客货混运背景下的乘客满意度测度及影响机理研究，重在挖掘货运业务对乘客的影响，而客货运作业过程的交互作用是产生该影响的基础。因此，该研究应从分析乘客出行和货运作业全过程环节入手，在逐环节剖析客货流交互影响的基础上，从经济性、舒适性、安全性等角度出发，提出乘客满意度评价指标体系；随后，再考虑"货运服务变化—客运服务变化—乘客感知变化"的传导链条，研究货运服务与各项评价指标间的因果反馈关系；最后，采集乘客个体属性及满意度数据，研究乘客满意度测度方法，构建乘客满意度变化分析模型，挖掘各类因素对乘客满意度的影响机理。

## 1. 乘客出行和货运作业全过程环节分析

全过程环节是指从乘客/货物进入起点站时起，到离开终点站时止，乘客/货物所经历的全部环节。可运用过程重塑等方法，针对城市轨道交通网络中存在的直达和换乘（或中转）两类运输需求，分别刻画乘客出行和货运作业全过程环节（见图6-1）。其中，针对直达运输需求，主要考虑乘客及货物的进站、候车/待装、乘车/运输、出站等环节；针对换乘运输需求，应增加考虑乘客及货物的换乘/中转环节。在此基础上，综合运用因果分析、模拟仿真、时空分析等方法，逐环节剖析客货流之间可能存在的各类交互影响（如货物占用站内通道空间导致的乘客站内走行时间增加、货物占用站台空间造成的乘客站台拥挤感知增加等）。

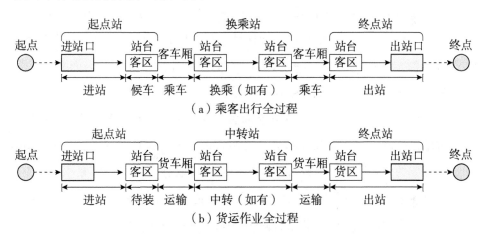

图 6-1 乘客出行和货运作业全过程环节示意

## 2. 客货混运背景下的城市轨道交通乘客满意度评价指标体系研究

乘客满意度体现了乘客对城市轨道交通服务质量的直观感受和心理感知，可基于乘客出行全过程环节，考虑各环节中客货流的交互影响，从经济性、快速性、便捷性、舒适性、安全性等角度出发，提出包括候车时长、拥挤感知等指标的多维、多层级乘客满意度评价指标体系，如图6-2所示。

在建立乘客满意度评价指标体系时，应遵循简单、可测、可靠等原则，运用线性加权、数学解析等，对逐个指标研究度量方法，其一般化形式表示为：

$$X_i = f(R_n), \quad n = 1, 2, \cdots \tag{6-1}$$

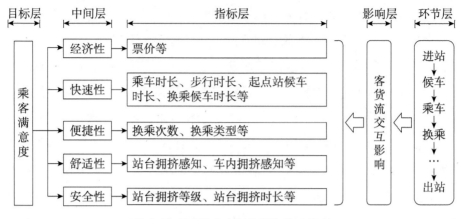

图 6-2　乘客满意度评价指标体系示意

式中，$X_i$ 表示第 $i$ 个指标的值，其涉及不同环节（进站、候车、乘车、出站和换乘等）中经济性、快速性、便捷性、舒适性和安全性对应的五类指标；$R_n$ 表示与第 $i$ 个指标相关的第 $n$ 个因素；$f$ 可选取不同的函数形式，如固定值设定为常数、阶梯值设定为阶梯函数，也可取线性、线性分段和非线性函数等。

### 3. 货运服务与城市轨道交通乘客满意度评价指标间的因果反馈关系分析

混编模式下，乘客满意度除受自身出行需求和客运服务影响外，还会受到货运服务的间接影响。为分析该间接影响，可联合客货混运背景下的城市轨道交通乘客满意度评价指标体系，在考虑地铁设施设备能力限制的条件下，分析货运服务、客运服务、乘客感知间的关联关系，构建分析系统（见图 6-3）；进一步，结合"货运服务变化—客运服务变化—乘客感知变化"的传导链条，剖析影响作用随传导链条的传递过程，运用系统理论等方法，分析货运服务与各项评价指标间的因果反馈关系（如因车厢货用侵占乘客乘车空间带来的拥挤感知变化）。

### 4. 乘客满意度测度及影响机理研究

获取乘客满意度数据是开展乘客满意度测度及影响机理研究的基础。该类数据可依托城市轨道交通货运试点项目，通过问卷调查等手段获取。在进行相关问卷设计时，应联合考虑客货混运下城市轨道交通乘客满意度评价指标体系、乘客个体特征（如性别、年龄、收入水平、出行距离等）及各类出

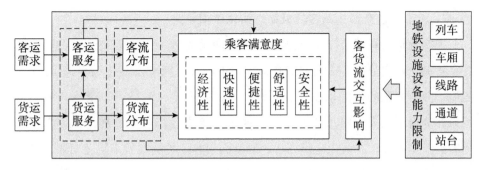

图 6-3　因果反馈关系分析系统

行场景（如短距离直达、长距离直达、短距离换乘、长距离换乘等）。在此基础上，运用效用理论方法、离散选择模型等，确定乘客满意度分析模型结构；并基于获取的乘客满意度数据，运用最大似然估计、蒙特卡洛算法等，对影响乘客满意度的各项指标进行标定，量化乘客满意度与各项指标间的关联关系，从而提出乘客满意度测度方法。

进一步，基于系统论、控制论、决策论等理论，运用系统动力学等方法，构建城市轨道交通乘客满意度分析系统；采用情境分析、灵敏度分析等手段，分析乘客满意度随货运需求、货运服务、列车容量等因素的变化趋势，以挖掘各因素对乘客满意度的影响机理。

## 6.3.2　城市轨道交通线路列车时刻表与货流分配联合优化研究展望

理解城市轨道交通系统内的客货流动态演化机理，掌握乘客、货主和运营企业三方利益诉求，是开展城市轨道交通线路列车时刻表与货流分配联合优化研究的关键。因此，该研究可分三部分展开：一是，在分析容量约束下的乘客出行及货运作业全过程的基础上，构建客货流动态演化模型，以刻画乘客及货物在城市轨道交通系统中的移动变化过程；二是，研究乘客、货主和运营企业三方利益诉求，分析三方主体利益间的冲突关系，并分别构建利益测度模型；三是，兼顾能力限制、运营安全等约束，综合三方利益诉求，提出城市轨道交通线路列车时刻表与货流分配联合优化模型及求解算法，确定列车开行对数、列车编组方案、列车时刻表及货流分配方案。

## 1. 城市轨道交通线路客货流动态演化建模研究

乘客及货物在城市轨道交通系统中的活动受到一系列限制，为更好地推算客货流的时空分布，需要先对容量约束下的客货流动态演化过程进行解析。随后，分析列车的时空动态演化过程，在此基础上，考虑列车及站台的容量约束，分析不同类型容量约束下的乘客出行及货运作业全过程，并进一步提出客流及货流的动态演化建模方法，以刻画乘客及货物在城市轨道交通系统中的移动变化过程。由于在城市轨道交通系统中，客货流的动态演化主要发生在站台及列车上，因此，客货流动态演化建模就是对各个站台和各次列车上乘客及货物的数量变化进行建模，动态演化分析需求示意如图 6-4 所示。

**图 6-4　动态演化分析需求示意**

## 2. 乘客、货主及运营企业三方利益测度及冲突分析

城市轨道交通的准公共服务属性要求其运营决策部门在制定运营组织方案时，不仅要考虑运营企业自身的利益，还要考虑用户（乘客和货主）的利益，但乘客、货主和运营企业三方利益并不一致，相互间存在着冲突关系。乘客希望运营企业提供尽可能多的客运服务，以便其获得舒适、快捷、经济的出行体验；货主希望运营企业提供尽可能多的货运服务，以便准时、快速地将货物运达指定地点；运营企业则希望在满足乘客和货主基本需求的前提下，尽可能减少服务项目，以降低运营成本。因此，应分别从乘客、货主及运营企业的角度出发，通过文献归纳、调研分析等手段，从经济性、快速性、便捷性、舒适性、安全性等角度出发，确定乘客、货主和运营企业三方利益诉求，分析三方主体间的冲突关系，如图 6-5 所示。

## 3. 城市轨道交通线路列车时刻表与货流分配联合优化建模及求解

针对城市轨道交通线路列车时刻表与货流分配联合优化问题，以列车开

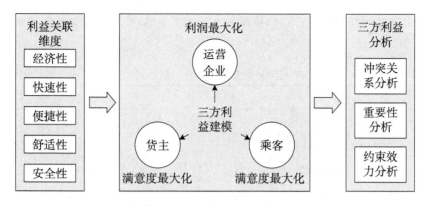

**图6-5 乘客、货主及运营企业三方利益诉求分析思路**

行对数、列车编组方案、列车时刻表及货流分配方案为决策变量,考虑设施设备能力限制、运营安全等约束,兼顾乘客、货主和运营企业三方利益诉求,根据利益诉求的重要程度及约束效力,运用非线性理论、混合整数规划和多目标规划等方法,构建优化模型。城市轨道交通线路列车时刻表与货流分配联合优化模型结构示意如图6-6所示。

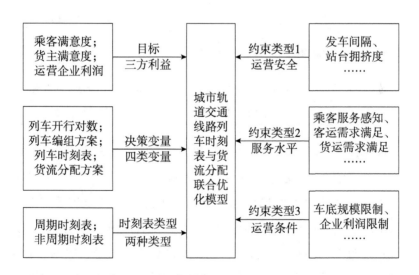

**图6-6 城市轨道交通线路列车时刻表与货流分配联合优化模型结构示意**

一般而言,城市轨道交通线路列车时刻表与货流分配联合优化模型属于多目标、大规模、混合整数非线性优化范畴,模型结构复杂,且涉及大

量 0-1 变量和整数变量，因而求解较为困难。模型复杂度初步分析如表 6-2
所示。

表 6-2 　　　　　　　　模型复杂度初步分析（部分）

| | 名称 | 类型 | 相关情况 |
|---|---|---|---|
| 变量 | 列车在指定时刻是否发车 | 0-1 | 与研究时长、车站数等相关 |
| | 货物是否被指定列车服务 | 0-1 | 与货运量、列车数等相关 |
| | 列车客运车厢编组数量 | 整数 | 与列车数相关 |
| | 列车货运车厢编组数量 | 整数 | 与列车数相关 |
| | 不同时段列车上的乘客数 | 整数 | 与列车数、车站数等相关 |
| | 不同时段列车上的货物数 | 整数 | 与列车数、车站数等相关 |
| | 不同时段车站上的乘客数 | 整数 | 与研究时长、车站数等相关 |
| | 不同时段车站上的货物数 | 整数 | 与研究时长、车站数等相关 |
| 目标 | 乘客利益 | 非线性 | 与客流量相关 |
| | 货主利益 | 线性/非线性 | 与货运量相关 |
| | 运营企业利益 | 线性/非线性 | 与发运列车数相关 |
| 约束 | 时刻表相关约束 | 线性 | 与列车数、车站数、列车编组方案等相关 |
| | 流量平衡相关约束 | 线性+非线性 | 与研究时长、客流量/货运量、车站数等相关 |
| | 车底等设施设备相关约束 | 线性/非线性 | 与列车数、设施设备数量等相关 |
| | 车站容量相关约束 | 线性+非线性 | 与车站数相关 |

　　为了简化模型求解，可先通过加权和法、约束法等方法，将多目标问题
转化为单目标问题；再通过引入 0-1 变量或极大整数的手段，对优化模型进
行线性化处理。线性化后的单目标优化模型可通过商业求解器（如 Gurobi
等），运用精确算法进行求解。需要指出的是，随着求解问题规模的扩大，受
求解时间和算力工具内存容量等的限制，精确算法或将难以适用。为此，可
进一步融合启发式算法，以确保能够在有限的时间范围内给出一个最优解。

### 6.3.3　网络环境下城市轨道交通客货协同方案优化研究展望

　　城市轨道交通网络内客流及货流的时空分布，是优化客货协同方案的基

础。因此，本小节的首要任务是解决城市轨道交通网络内客货流的合理分配问题。鉴于乘客转移和货物移动的操作主体不同，可遵循不同的分配原则（即乘客出行自主选择、货运作业统一规划），研究客流及货流分配方法；随后，构建客货流集散仿真模型，模拟列车、客流和货流的动态变化过程，挖掘城市轨道交通网络内客货流集散的内在变化规律；在此基础上，剖析不同车站间、车站与车内流量的量化关联关系，构建城市轨道交通网络客货流动态演化模型，并与仿真结果进行比对，以验证模型的准确性；最后，在城市轨道交通线路列车时刻表与货流分配联合优化方法的基础上，进一步结合乘客换乘和货物中转需求，构建考虑网络化协同运营的列车时刻表与货流分配联合优化模型，结合模型特点提出求解算法。

**1. 城市轨道交通网络客货流分配方法研究**

城市轨道交通网络中存在客流和货流两种不同类型的流量，其分配原则存在显著差异。乘客的出行过程主要取决于个体决策，追求的是个体利益的最大化。因此，在客流分配时，应重点考虑乘客的自主选择行为，在兼顾客运服务能力约束的基础上，遵循先到先服务的原则进行分配。与之相反，货运作业过程则更多由城市轨道交通运营部门主导，货主主要关注货物能否按时送达目的地，而对货运作业过程并不关心。因此，货流通常由城市轨道交通运营部门统一规划（分配），旨在实现城市轨道交通运营整体效益最大化。基于上述原则，可综合运用混合整数规划方法、Logit 模型等，分别针对客、货运需求，提出流量分配方法。

**2. 城市轨道交通网络客货流集散过程仿真及变化机理分析**

借助仿真模拟的方法，可深入探究城市轨道交通网络内客货流的集散变化机理，从而为城市轨道交通网络客货流动态演化分析提供建模思路和验证依据。在仿真建模过程中，应将客运需求、货流分配方案及客货运服务相关信息作为输入数据，遵循乘客出行自主选择与货运作业统一规划的原则，设置乘客、货物和列车的动态仿真事件触发及变化规则；通过离散事件仿真等方法，按照指定的时间步长，逐步更新各变量的取值，以模拟城市轨道交通列车、客流和货流的动态变化过程，从而刻画客、货流在城市轨道交通网络中的移动轨迹。

进一步，基于仿真结果，可采用对比分析、聚类分析等方法，分别研究换乘（中转）站、非换乘（中转）站及各次列车内的客货流变化，总结客货流集散的规律；并运用灵敏度分析等方法，探讨城市轨道交通网络内客货流集散的内在变化规律，挖掘其变化机理。

### 3. 城市轨道交通网络客货流动态演化建模研究

网络环境下客货流的动态演化建模思路与线路条件下存在共通之处，但需额外关注乘客换乘及货物中转需求，并对换乘（中转）站的客货流动态演化过程进行专项建模。为此，可在线路条件下客货流集散变化机理研究成果的基础上，融合系统论、数学解析手段等，全面考虑不同线路间的衔接关系，深入剖析不同车站间、车站与车内流量的量化关联关系（见图6-7）；针对不同类型站台（如侧式站台、岛式站台等），以客货流动态演化模型为基础，分别针对换乘（中转）站、非换乘（中转）站及各次列车，结合客货流分配方法，运用数学多项式，构建城市轨道交通网络客货流动态演化模型。进一步，可通过数值实验，将城市轨道交通网络客货流动态演化模型测算结果与仿真模拟结果进行比对，以验证模型的准确性。

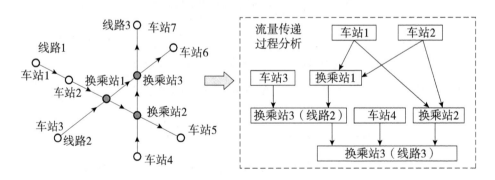

图6-7　流量关联分析示例

### 4. 客货混编列车时刻表与货流分配联合优化

随着城市轨道交通网络化运营规模的不断扩大，网络条件下的列车时刻表与货流分配联合优化问题是推动城市轨道交通开展物流服务亟待解决的重要问题。该问题可在城市轨道交通线路列车时刻表与货流分配联合优化建模的基础上，融合城市轨道交通网络客货流动态演化模型，通过增加乘客换乘及货物中转相关参数与指标，重构优化目标、约束和决策变量，形成考虑网络协同运行的客货混编列车时刻表与货流分配联合优化模型。显然，该模型也是一个多目标、大规模、混合整数非线性优化模型，属于 NP 难问题，为保证求解效率，可考虑融合运用精确算法和启发式算法对模型进行求解。线路及网络背景下的优化模型关系分析如图 6-8 所示。

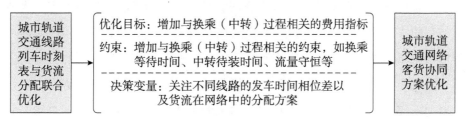

**图 6-8 线路及网络背景下的优化模型关系分析**

## 6.4 本章小结

依托城市轨道交通富余运力提供城市物流服务，是提高既有资源利用率、应对交通拥堵、推动城市物流绿色低碳发展的重要策略。但在大规模推广过程中，运营组织依然是执行层面需要解决的核心难题。为了攻克这一难题，亟须回答"城市轨道交通货运服务会对乘客满意度产生怎样的影响""单线运营背景下城市轨道交通列车时刻表如何与货流分配进行联合优化"和"网络运营背景下城市轨道交通列车时刻表如何与货流分配进行联合优化"三方面问题。本章围绕上述三方面问题，总结了国内外研究进展，并进行了研究展望，以期为未来相关研究提供思路。

# 7  结论与展望

随着城市的快速发展及人口的急剧膨胀，城市拥挤问题日益严重。为适应城市的快速发展需要，有效应对交通拥堵及其引发的交通安全、能源消耗等城市问题，我国各大城市陆续建设并发展以城市轨道交通为主的公共交通网络。在此背景下，探讨如何制定并优化城市轨道交通列车开行方案，具有重要的现实和理论意义。本章对本书的主要工作及研究结论进行了总结，并探讨了下一步研究方向，希望为后续研究提供参考与借鉴。

## 7.1  主要工作及研究结论

本书分别以单条城市轨道交通线路及整个城市轨道交通网络为研究对象，构建考虑乘客出行效率的城市轨道交通列车开行方案优化模型，并进一步展望了城市轨道交通客货协同方案设计思路。主要工作及研究结论如下。

### 1. 城市轨道交通列车开行方案影响因素分析

本书结合既有文献，从城市的发展、乘客出行需求、行车条件和运力资源配置四个方面出发，系统性分析了影响城市轨道交通列车开行方案编制的各项因素。

本书提出了城市轨道交通列车开行方案的编制框架，为第3~5章的城市轨道交通列车开行方案优化模型的建立提供依据。该编制框架指出城市轨道交通列车开行方案的编制应以基本客流需求为输入条件，在遵循乘客及运营单位（企业）综合效益最大化的原则上，选择城市的发展、乘客出行需求、行车条件以及运力资源配置等因素中与城市轨道交通列车开行方案直接相关且易于量化的子因素，构建优化目标及约束条件，并最终形成城市轨道交通列车开行方案优化模型。

### 2. 考虑客流时变特性的列车时刻表优化方法研究

本书以单条城市轨道交通线路为研究对象，分析了城市轨道交通乘客出行需求的时变特性，构建了城市轨道交通非均衡开行方案优化模型，并通过算例分析说明了模型及算法的有效性。主要工作及结论如下。

（1）以始发站列车发车时刻为变量，以时变客流需求为基本输入，以站台容量、列车容量、发车间隔、首末班车发车时刻、备用车底数等为约束条件，以乘客与运营企业综合费用最小为优化目标，构建了考虑客流时变特性的城市轨道交通列车时刻表优化模型。

（2）根据优化模型的特点，设计了基于仿真的两阶段遗传算法。在仿真过程中，将站台容量及列车容量设定为强约束条件，并假定所有乘客遵循"先到先服务"的原则进站及乘车，其具体出行过程为到站—排队进站—到达车站站台—排队候车—上车—下车—出站。在遗传算法的求解过程中，为提高求解效率，缩短可行初始解的搜索时长，提出了初始解备选集合生成步骤。

（3）通过算例验证了模型及算法的有效性。算例结果显示，遗传算法的求解效率较高，从第 54 代后开始收敛；当 $\delta = 5s$、$10s$ 和 $30s$ 时，系统综合费用分别为 188714.93 元、189630.97 元和 192897.31 元，相较于均衡开行方案而言，分别降低了 10.03%、9.60% 和 8.04%。

（4）对列车编组辆数、站台设计容量以及乘客时间价值进行灵敏度分析，结果显示，"小编组、高密度"的城市轨道交通列车开行方案能够更好地平衡乘客与运营企业之间的利益；过小的站台设计容量会严重制约城市轨道交通服务水平，还会导致运营总费用的增加，且站台设计容量越小，运营总费用及乘客等待总费用越高；乘客时间价值越高，其对城市轨道交通服务水平的要求越高，运营单位需要提供的开行列车数越多。

### 3. 考虑乘客出发时间变化的列车时刻表优化方法研究

本书以高峰期单条城市轨道交通线路为研究对象，分析了列车开行方案对乘客出发时间选择的影响，构建了城市轨道交通列车时刻表双层规划模型，并通过算例验证了模型及算法的有效性。主要工作及结论如下。

（1）以某多起点单讫点的城市轨道交通线路为例，分析了高峰客流到达分布规律，并探讨了列车开行方案对该分布规律的影响。研究结果显示，列车开行方案对高峰乘客出行选择行为具有较强的反馈作用，在进行高峰期城市轨道交通列车开行方案优化时，宜充分考虑这一反馈。

（2）给出了乘客出行总费用计算方法。高峰期的乘客出行成本不仅包括常用到的乘车时间换算费用（涉及拥挤引发的乘车时间感知偏差，即拥挤惩罚）、候车时间换算费用以及城市轨道交通票价，还包括终点的早到/晚到惩罚以及起点的早出发惩罚。

（3）以列车在始发站的具体发车时间为决策变量，构建了城市轨道交通列车时刻表双层规划模型。上层模型以乘客及运营单位综合费用最小为目标，以列车发车间隔、补贴限制、列车容量限制等为约束条件，并采用遗传算法求解；下层模型在考虑列车容量强约束的基础上，以单个乘客出行总费用最小为目标，构建了考虑乘客出发时间选择的客流分配模型，采用连续平均求解算法求解。

（4）通过算例验证了模型及算法的有效性。计算结果表明，遗传算法的求解效率较高，从第 50 代后开始收敛；最优列车时刻表对应的乘客和运营单位综合费用为 188448 元，乘客出行总费用为 283477 元，列车购置费用为 25920 元，列车走行公里换算费用为 67500 元。

（5）对权值系数、运营补贴、列车编组辆数、乘客时间价值进行灵敏度分析，并初步分析错峰上下班的实施效果及其对列车时刻表的影响。分析结果显示，上述参数或措施会对最优列车时刻表产生不同程度的影响，因此，政府部门应充分调查并分析各项参数的合理取值，为列车时刻表的制定提供决策依据。

**4. 城市轨道交通网络化列车开行方案优化方法研究**

本书以非连通型城市轨道交通网络为研究对象，提出了城市轨道交通网络化列车开行方案优化方法，并以某城市轨道交通网络为例，对模型及算法的有效性进行了验证。主要工作及结论如下。

（1）提出了网络化运营下的乘客出行费用及运营费用的计算方法。分析了城市轨道交通网络的周期性运行特点，给出了循环周期的确定方法；以该周期为运算时长，确定了网络列车运转及乘客换乘仿真过程，从而得到各次列车的详细载客量及乘客的详细换乘时间；并以上述仿真结果为基础，给出了一个计算周期内城市轨道交通网络运营费用及乘客出行费用的计算方法。

（2）以各运营线路发车间隔及发车时间相位差为决策变量，以乘客及运营企业综合费用最小为优化目标，以列车发车间隔、列车容量、站台容量、运营补贴等为约束，建立了城市轨道交通网络化列车开行方案优化模型，并提出了一种基于模拟仿真的遗传算法，对模型进行求解。

（3）以某城市轨道交通网络为例，对模型及算法的有效性进行了验证。算例结果显示，遗传算法的求解效率较高，在第 50 代后开始收敛；且当决策变量 $(h_1, h_2, h_3, x_2, x_3) = (5.25, 3.50, 3.50, 1.00, 2.25)$ 时，系统综合费用最小（一个单位时间内的系统综合费用为 2330.1 元），其中，乘客换乘总等待时间为 12.0h，乘客出行费用为 3626.0 元，运营费用为 1034.3 元。

（4）基于同一算例，将本章模型的优化结果分别与王永亮等（2012）、Aksu 和 Akyol（2014）提出的优化模型所得结果进行对比。结果显示，本书模型具有较强的优越性，其综合费用相较于王永亮等（2012）提出的优化模型降低了 2.13%，相较于 Aksu 和 Akyol（2014）提出的优化模型降低了 1.28%，且各项服务指标（如站台最高容客率、列车最大载客率等）均在安全范围之内。

### 5. 城市轨道交通客货协同方案设计展望

本书提出了城市轨道交通客货协同方案设计需解决的三方面问题，即"城市轨道交通货运服务会对乘客满意度产生怎样的影响""单线运营背景下城市轨道交通列车时刻表如何与货流分配进行联合优化"和"网络运营背景下城市轨道交通列车时刻表如何与货流分配进行联合优化"。

围绕上述问题，本书展开了国内外研究评述，发现既有研究存在客货混运背景下乘客满意度测度方法缺乏、客货协同优化中利益主体考虑不够周全、城市轨道交通网络客货协同优化研究尚不深入等问题。最后，针对既有文献存在的不足，本书进行了客货协同方案设计及优化研究展望，为未来研究提供思路借鉴。

## 7.2 研究展望

本书虽然在城市轨道交通列车开行方案优化方面取得了一定的进展及成果，但受研究时间、论文篇幅以及作者能力的限制，尚有许多问题需要进一步拓展和深入研究。

**1. 假设条件的合理修正**

本书在进行城市轨道交通列车开行方案优化时，为简化问题，给出了一些假设条件，如乘客严格按照先到先服务的原则乘车，这些假设条件虽然能够在一定程度上反映乘客出行行为，但与真实情况相比仍然存在一定的差距。因此，在未来的研究中，可以对这些基本假设做出合理修正。

**2. 研究对象拓展**

本书主要优化的是列车始发站的发车时刻和发车间隔，即认为所有线路均采用单一交路运行，然而，在实际生活中，大小交路的合理运用能够更进一步提高列车开行方案的编制效果。因此，在将来的研究中，可以考虑将列车交路计划融入本书提出的优化模型。

**3. 实例应用方面**

本书列车开行方案优化模型的有效性均是通过算例进行验证的，然而，算例并不完全等价于实例，其在路网规模、客流复杂程度等方面均有一定的弱化。因此，还有必要将本书提出的优化模型应用于实际线路和大规模实际路网，以进一步验证模型及算法的有效性。

**4. 建模求解方面**

本书对城市轨道交通客货协同方案设计及优化进行了研究展望，并提出了相应的研究思路，但尚未开展具体的建模、求解及分析工作。在将来的研究中，可以此为基础，实施相关工作，以验证并丰富本书所提出的思路框架。

# 参考文献

［1］陈坚，唐炜，蔡晓禹，等．城市轨道交通乘客满意度多群组结构方程模型［J］．交通运输系统工程与信息，2018，18（1）：173-178+244.

［2］陈旻瑜．地铁运营成本特性分析［J］．现代城市轨道交通，2006（4）：91-93.

［3］陈星瀚，周培宇，郎茂祥，等．需求变动下高铁快运货流分配与组织模式优化［J］．交通运输系统工程与信息，2022，22（5）：174-186.

［4］陈一村，董建军，尚鹏程，等．城市地铁与地下物流系统协同运输方式研究［J］．地下空间与工程学报，2020，16（3）：637-646.

［5］单泪源，喻盈，刘小红．基于PLS-SEM及贝叶斯网络的地铁乘客满意度评价研究［J］．湖南社会科学，2020（3）：113-121.

［6］邸振，曹楚悦，肖妍星．考虑货运方式和客运硬时间窗的地铁客货共车运输优化［J］．交通运输工程与信息学报，2024，22（1）：150-159.

［7］邸振，肖妍星，戚建国，等．考虑时间窗的地铁客货协同运输优化［J］．铁道科学与工程学报，2022，19（12）：3569-3580.

［8］杜光．基于SP调查的城市公共交通出行时间价值研究［D］．北京：北京交通大学，2010.

［9］房霄虹，刘永平，蔺源．城市轨道交通网络化客流成长规律研究［J］．综合运输，2012（5）：52-57.

［10］高如虎，牛惠民，杨喜梅．面向时变需求的高铁快运专列时刻表和配装方案综合优化研究［J］．交通信息与安全，2020，38（4）：122-131.

［11］贺政纲，余佳洋，黄瑾．高铁货运专列开行模式研究［J］．交通运输工程与信息学报，2019，17（4）：25-33+69.

［12］胡万杰，董建军，陈志龙．基于地铁的城市地下物流系统发展可持续性研究［J］．综合运输，2023，45（10）：67-72.

［13］胡万杰，董建军，陈志龙．基于地铁货运系统的城市物流发展模式探讨［J］．铁道运输与经济，2022，44（2）：8-15.

［14］黄俊生，陈垚，张安英，等．考虑互联互通的城市轨道交通网络列车开行方案优化［J］．铁道科学与工程学报，2023，20（5）：1587-1597.

［15］霍月英，李晓娟，闫振英，等．基于乘客满意度的公交车站立乘客面积研究［J］．交通运输系统工程与信息，2019，19（3）：157-162.

［16］江雨星，牛惠民．需求响应的集装箱班列时刻表优化及 Benders 分解算法［J］．交通运输系统工程与信息，2020，20（5）：191-198.

［17］金波，郭佑星，王青元，等．考虑大小交路的时刻表与车底运用计划一体化编制方法［J］．中国铁道科学，2022，43（3）：173-181.

［18］金伟，李夏苗，周凌云，等．基于列生成算法的高速铁路快捷货运组织方案优化研究［J］．铁道学报，2020，42（9）：26-32.

［19］李春雨，杜文，祝晓波．城市轨道交通中间折返站折返模式分析［J］．都市快轨交通，2009，22（1）：44-48.

［20］李海鹰，曹玥，廖正文，等．基于服务网络的综合快运方案优化［J］．中国铁道科学，2020，41（4）：136-145.

［21］李琳，张小强．不确定需求下铁路集装箱班列开行方案与定价联合优化［J］．铁道学报，2024，46（1）：22-33.

［22］李伟，陈思倩，周珺，等．在线编解模式下城市轨道交通列车灵活编组开行方案优化方法［J］．中国铁道科学，2024，45（1）：203-214.

［23］李妍．探索地铁运营成本及筹资模式［J］．公用事业财会，2012（3）：12-15.

［24］李竹君，柏赟，陈垚．客货共运下机场线列车运行计划与货运分配方案协同优化［J］．交通运输系统工程与信息，2022，22（5）：154-163.

［25］林震，杨浩．城市轨道交通发车间距优化模型探讨［J］．土木工程学报，2003，36（1）：1-5.

［26］刘畅．货物运输"公转铁"与铁路车流径路联合优化模型［J］.铁道学报，2020，42（12）：18-27.

［27］刘崇献．北京地铁晚间和非高峰期用作城市物流系统探讨［J］.城市发展研究，2011，18（6）：122-124.

［28］刘剑锋．基于换乘的城市轨道交通网络流量分配建模及其实证研究［D］.北京：北京交通大学，2012.

［29］刘乐星，梁红艳．考虑拥堵与环境成本的疏运网络货流分配研究［J］.武汉理工大学学报（交通科学与工程版），2023，47（1）：197-202.

［30］刘亚楠，郑长江，沈金星．基于地铁的城市物流配送路径优化［J］.贵州大学学报（自然科学版），2019，36（6）：114-118.

［31］柳欣宇，乐美龙，虞沁悦．考虑外包的货运航空公司货流分配问题［J］.北京航空航天大学学报，2021，47（8）：1515-1523.

［32］毛保华．城市轨道交通系统运营管理［M］.2版.北京：人民交通出版社股份有限公司，2017.

［33］毛保华，刘明君，黄荣，等．轨道交通网络化运营组织理论与关键技术［M］.北京：科学出版社，2011.

［34］毛保华．城市轨道交通系统运营管理［M］.北京：人民交通出版社，2006.

［35］宁丽巧，赵鹏，谢秉磊，等．柔性间隔发车下城轨网络换乘协同优化［J］.哈尔滨工业大学学报，2019，51（9）：68-73.

［36］牛惠民．轨道列车时刻表问题研究综述［J］.交通运输系统工程与信息，2021，21（5）：114-124.

［37］潘寒川，陆俊波，胡华，等．客货混运下的城轨时刻表与流量控制协同优化研究［J］.交通运输系统工程与信息，2023，23（2）：187-196.

［38］潘欣维，董建军，陈志龙．地铁货运系统运作的列车调度方式建模［J］.陆军工程大学学报，2022，1（5）：59-65.

［39］戚建国，周厚盛，杨立兴，等．灵活编组条件下轨道交通客货协同运输方案优化［J］.交通运输系统工程与信息，2022，22（2）：197-205.

［40］尚漾波，叶霞飞．国内外城市轨道交通车辆段规模比较分析［J］．都市快轨交通，2009，22（3）：16-19.

［41］四兵锋，毛保华，刘智丽．无缝换乘条件下城市轨道交通网络客流分配模型及算法［J］．铁道学报，2007，29（6）：12-18.

［42］孙会君，高自友．考虑路线安排的物流配送中心选址双层规划模型及求解算法［J］．中国公路学报，2003，16（2）：115-119.

［43］孙梦霞，倪少权，吕红霞．网络条件下轨道交通开行方案协调优化研究［J］．交通运输工程与信息学报，2020，18（1）：26-33+60.

［44］孙杨．城市轨道交通新线投入运营下常规公交线网优化调整方法研究［D］．北京：北京交通大学，2012.

［45］谭寅亮，孙有望．利用轨道交通客流低谷实施物流快运的探讨［J］．城市轨道交通研究，2009，12（6）：5-8.

［46］田琼，黄海军．一个考虑早到惩罚的高峰期地铁乘车均衡模型［J］．交通运输系统工程与信息，2004，4（4）：108-112.

［47］王强，何艺鸣．基于地铁物流的结合式客货共线运输模式探讨［J］．地下空间与工程学报，2021，17（4）：998-1007.

［48］王清斌，唐敏，王小强，等．不确定需求下内陆集装箱货流分配及网络优化［J］．辽宁工程技术大学学报（自然科学版），2020，39（2）：184-189.

［49］王小林，赵瀚．基于地铁的城市地下物流系统探讨［J］．地下空间与工程学报，2019，15（5）：1273-1282.

［50］王莹，刘军．铁路行包快运专列开行方案优化编制方法的研究［J］．交通运输系统工程与信息，2007（3）：125-129.

［51］王永亮，张星臣，徐彬，等．城市轨道交通网络化列车开行方案优化方法［J］．中国铁道科学，2012，33（5）：120-126.

［52］王永亮．城市轨道交通列车交路计划编制方法研究［D］．北京：北京交通大学，2014.

［53］王月丽，杨中华，刘邹洲，等．国内外地铁货运系统的研究现状与进展［J］．物流科技，2023，46（1）：96-100.

［54］王周全，张桐，戢小辉，等．城市轨道交通全网列车衔接优化模型研究［J］．西华大学学报（自然科学版），2016，35（1）：62-66+84.

［55］肖雅玲，柏赟，陈垚，等．考虑车底运用的城轨货运专列运行图与载货方案协同优化［J］．交通运输系统工程与信息，2023，23（6）：185-195.

［56］徐光明，郭婧，陈婉茹，等．考虑随机运能和送到时限的高铁快递运输计划优化方法［J］．控制与决策，2024，39（8）：2755-2764.

［57］许奇．城市轨道交通站台乘客拥挤感知及行为动力学建模［D］．北京：北京交通大学，2014.

［58］杨林川，唐祥龙，石亚灵，等．人口老龄化背景下香港地铁服务满意度分析与改进策略研究［J］．都市快轨交通，2023，36（3）：96-101.

［59］杨婷，郑长江，马庚华．基于地铁的带时间窗地下物流路径优化研究［J］．华东交通大学学报，2019，36（4）：67-74.

［60］尹传忠，李岳珊，陶学宗，等．考虑碳排放成本的铁路集装箱快递班列开行方案［J］．交通信息与安全，2023，41（3）：128-137.

［61］张海，吕苗苗，倪少权．基于非均匀发车间隔的大小交路时刻表优化模型［J］．交通运输系统工程与信息，2022，22（6）：224-233.

［62］张路凯，王英平，杨艳．城市轨道交通末班列车的运行时刻表编制与线路接续优化［J］．济南大学学报（自然科学版），2023，37（2）：228-234.

［63］张梦霞，汤宇卿，鲁斌．地下物流与城市基础设施整合研究［J］．地下空间与工程学报，2020，16（S1）：30-38.

［64］张天伟，高桂凤，罗玉屏，等．铁路客运站旅客最高聚集人数计算模型［J］．交通运输工程学报，2011，11（2）：79-83.

［65］赵宇刚，毛保华，杨远舟，等．城市轨道交通站台最高聚集人数计算方法研究［J］．交通运输系统工程与信息，2011，11（2）：149-154.

［66］郑长江，陈宜恒，沈金星．基于地铁的地上地下闭环物流配送路径优化［J］．华东交通大学学报，2022，39（1）：89-98.

［67］周芳汀，张锦，周国华．带时间窗的地铁配送网络路径优化问题［J］．交通运输系统工程与信息，2018，18（5）：88-94.

［68］周文梁，黄裕，邓连波．考虑运行节能和车底运用的城轨时刻表优化［J］．铁道科学与工程学报，2023，20（2）：473-482.

［69］周晓晔，崔瑶，何亮，等．基于地铁—货车联运的物流配送路径优化［J］．交通运输系统工程与信息，2020，20（3）：111-117.

［70］朱宇婷，毛保华，李明高，等．考虑列车容量的轨道交通客流分配模型［J］．交通运输系统工程与信息，2013，13（6）：134-139.

［71］AHUJA R K, MAGNANTI T L, ORLIN J B. Network Flows：Theory, Algorithms, and Applications［J］. Journal of the Operational Research Society, 1994, 45（11）：1340.

［72］ARNOTT R, DE PALMA A, LINDSEY R. Departure time and route choice for the morning commute［J］. Transportation Research Part B：Methodological, 1990, 24（3）：209-228.

［73］BEHIRI W, BELMOKHTAR-BERRAF S, CHU C. Urban freight transport using passenger rail network：Scientific issues and quantitative analysis［J］. Transportation Research Part E：Logistics and Transportation Review, 2018, 115：227-245.

［74］CACCHIANI V, CAPRARA A, TOTH P. Scheduling extra freight trains on railway networks［J］. Transportation Research Part B：Methodological, 2010, 44（2）：215-231.

［75］CARDOZO R N. An Experimental Study of Customer Effort, Expectation, and Satisfaction［J］. Journal of Marketing Research, 1965, 2：244-249.

［76］CEPEDA M, COMINETTI R, FLORIAN M. A frequency-based assignment model for congested transit networks with strict capacity constraints：characterization and computation of equilibria［J］. Transportation Research Part B：Methodological, 2006, 40（6）：437-459.

［77］CHEBBI O, CHAOUACHI J. Reducing the wasted transportation capacity of Personal Rapid Transit systems：An integrated model and multi-objective optimization approach［J］. Transportation Research Part E：Logistics and Transportation Review, 2016, 89: 236-258.

[78] CHEN H K, CHANG M S, WANG C Y. Dynamic capacitated user-optimal departure time/route choice problem with time-window [J]. European Journal of Operational Research, 2001, 132 (3): 603-618.

[79] CHEN S, HO T, MAO B, et al. A bi-objective maintenance scheduling for power feeding substations in electrified railways [J]. Transportation Research Part C: Emerging Technologies, 2014, 44: 350-362.

[80] CHENG G, ZHAO S, XU S. Estimation of passenger route choices for urban rail transit system based on automatic fare collection mined data [J]. Transactions of the Institute of Measurement and Control, 2019, 41 (11): 3092-3102.

[81] CHIOU S W. Bilevel programming for the continuous transport network design problem [J]. Transportation Research Part B: Methodological, 2005, 39 (4): 361-383.

[82] CHOI S, KO J, KIM D. Investigating commuters' satisfaction with public transit: A latent class modeling approach [J]. Transportation Research Part D: Transport and Environment, 2021, 99: 103015.

[83] CLEOPHAS C, COTTRILL C, EHMKE J F, et al. Collaborative urban transportation: Recent advances in theory and practice [J]. European Journal of Operational Research, 2019, 273 (3): 801-816.

[84] DELGADO F, TRINCADO R, PAGNONCELLI B K. A multistage stochastic programming model for the network air cargo allocation under capacity uncertainty [J]. Transportation Research Part E: Logistics and Transportation Review, 2019, 131: 292-307.

[85] DI Z, YANG L, SHI J, et al. Joint optimization of carriage arrangement and flow control in a metro-based underground logistics system [J]. Transportation Research Part B: Methodological, 2022, 159: 1-23.

[86] GANJI S S, AHANGAR A N, AWASTHI A, et al. Psychological analysis of intercity bus passenger satisfaction using Q methodology [J]. Transportation

Research Part A: Policy and Practice, 2021, 154: 345-363.

[87] GAO Z, WU J, SUN H. Solution algorithm for the bi-level discrete network design problem [J]. Transportation Research Part B: Methodological, 2005, 39 (6): 479-495.

[88] GOOSSENS J, VAN HOESEL S, KROON L. A Branch-and-Cut Approach for Solving Railway Line-Planning Problems [J]. Transportation Science, 2004, 38 (3): 379-393.

[89] HAMDOUCH Y, HO H W, SUMALEE A, et al. Schedule-based transit assignment model with vehicle capacity and seat availability [J]. Transportation Research Part B: Methodological, 2011, 45 (10): 1805-1830.

[90] HAMDOUCH Y, LAWPHONGPANICH S. Schedule-based transit assignment model with travel strategies and capacity constraints [J]. Transportation Research Part B: Methodological, 2008, 42 (7/8): 663-684.

[91] HANSEN P, JAUMARD B, SAVARD G. New Branch-and-Bound Rules for Linear Bilevel Programming [J]. SIAM Journal on Scientific and Statistical Computing, 1992, 13 (5): 1194-1217.

[92] HENDRICKSON C, KOCUR G. Schedule Delay and Departure Time Decisions in a Deterministic Model [J]. Transportation Science, 1981, 15 (1): 62-77.

[93] HEYDECKER B G, ADDISON J D. Analysis of Dynamic Traffic Equilibrium with Departure Time Choice [J]. Transportation Science, 2005, 39 (1): 39-57.

[94] HOLLAND J H. Adaptation in Natural and Artificial Systems: An Introductory Analysis with Applications to Biology, Control, and Artificial Intelligence [M]. Cambridge, Mass.: The MIT Press, 1975.

[95] HÖRSTING L, CLEOPHAS C. Scheduling shared passenger and freight transport on a fixed infrastructure [J]. European Journal of Operational Research, 2023, 306 (3): 1158-1169.

[96] HOU Z, HE R, LIU C, et al. Optimization of Urban Rail Passenger and Freight Collaborative Transport Scheme under The Dual-Carbon Objective [J].

IAENG International Journal of Applied Mathematics, 2024, 54 (7): 1459-1467.

[97] IBARRA-ROJAS O J, RIOS-SOLIS Y A. Synchronization of bus timetabling [J]. Transportation Research Part B: Methodological, 2012, 46 (5): 599-614.

[98] ISEKI H, TAYLOR B D. Not All Transfers Are Created Equal: Towards a Framework Relating Transfer Connectivity to Travel Behaviour [J]. Transport Reviews, 2009, 29 (6): 777-800.

[99] JIANG Z, GU J, FAN W, et al. Q-learning approach to coordinated optimization of passenger inflow control with train skip-stopping on a urban rail transit line [J]. Computers & Industrial Engineering, 2019, 127: 1131-1142.

[100] JOU R, KITAMURA R, WENG M, et al. Dynamic commuter departure time choice under uncertainty [J]. Transportation Research Part A: Policy and Practice, 2008, 42 (5): 774-783.

[101] KANG L, WU J, SUN H, et al. A practical model for last train rescheduling with train delay in urban railway transit networks [J]. Omega, 2015, 50: 29-42.

[102] LAM W H K, GAO Z Y, CHAN K S, et al. A stochastic user equilibrium assignment model for congested transit networks [J]. Transportation Research Part B: Methodological, 1999, 33 (5): 351-368.

[103] LI F, GUO X, ZHOU L, et al. A capacity matching model in a collaborative urban public transport system: integrating passenger and freight transportation [J]. International Journal of Production Research, 2022, 60 (20): 6303-6328.

[104] LI L, GAO T, YU L, et al. Applying an integrated approach to metro station satisfaction evaluation: A case study in Shanghai, China [J]. International Journal of Transportation Science and Technology, 2022, 11 (4): 780-789.

[105] LI W, ZHU W. A dynamic simulation model of passenger flow distribution on schedule-based rail transit networks with train delays [J]. Journal of Traffic and Transportation Engineering (English Edition), 2016, 3 (4): 364-373.

[106] LI Z, SHALABY A, ROORDA M J, et al. Urban rail service design for collaborative passenger and freight transport [J]. Transportation Research Part E: Logistics and Transportation Review, 2021, 147.

[107] LIU J, HU L, XU X, et al. A queuing network simulation optimization method for coordination control of passenger flow in urban rail transit stations [J]. Neural Computing and Applications, 2021, 33: 10935-10959.

[108] LIU X, DABIRI A, WANG Y, et al. Modeling and efficient passenger-oriented control for urban rail transit networks [J]. IEEE Transactions on Intelligent Transportation Systems, 2023, 24 (3): 3325-3338.

[109] LUAN X, CORMAN F. Passenger-oriented traffic control for rail networks: An optimization model considering crowding effects on passenger choices and train operations [J]. Transportation Research Part B: Methodological, 2022, 158: 239-272.

[110] MA M, ZHANG F, LIU W, et al. A game theoretical analysis of metro-integrated city logistics systems [J]. Transportation Research Part B: Methodological, 2022, 156: 14-27.

[111] MANDHANI J, NAYAK J K, PARIDA M. Interrelationships among service quality factors of metro rail transit system: An integrated bayesian networks and pls-sem approach [J]. Transportation Research Part A: Policy and Practice, 2020, 140: 320-336.

[112] MUÑOZ-VILLAMIZAR A, SANTOS J, MONTOYA-TORRES J R, et al. Measuring environmental performance of urban freight transport systems: A case study [J]. Sustainable Cities and Society, 2020, 52.

[113] NEWELL G F. A simplified theory of kinematic waves in highway traffic, Part II: Queueing at freeway bottlenecks [J]. Transportation Research Part B: Methodological, 1993, 27 (4): 289-303.

[114] NGUYEN S, PALLOTTINO S, MALUCELLI F. A modeling framework for passenger assignment on a transport network with timetables [J]. Transportation

Science, 2001, 35 (3): 238-249.

[115] NUZZOLO A, CRISALLI U, ROSATI L. A schedule-based assignment model with explicit capacity constraints for congested transit networks [J]. Transportation Research Part C: Emerging Technologies, 2012, 20 (1): 16-33.

[116] OZTURK O, PATRICK J. An optimization model for freight transport using urban rail transit [J]. European Journal of Operational Research, 2018, 267 (3): 1110-1121.

[117] PAULSEN M, RASMUSSEN T K, NIELSEN O A. Impacts of real-time information levels in public transport: A large-scale case study using an adaptive passenger path choice model [J]. Transportation Research Part A: Policy and Practice, 2021, 148: 155-182.

[118] SAHLI A, BEHIRI W, BELMOKHTAR-BERRAF S, et al. An effective and robust genetic algorithm for urban freight transport scheduling using passenger rail network [J]. Computers & Industrial Engineering, 2022, 173.

[119] SCHMÖCKER J D, BELL M G H, KURAUCHI F. A quasi-dynamic capacity constrained frequency-based transit assignment model [J]. Transportation Research Part B: Methodological, 2008, 42 (10): 925-945.

[120] SERAFINI P, UKOVICH W. A mathematical model for periodic scheduling problems [J]. SIAM Journal on Discrete Mathematics, 1989, 2 (4): 550-581.

[121] SI B, HE Z, LIU D, et al. Train Operation Diagram-Based Equilibrium Model for an Urban Rail Transit Network with Transfer Constraints [J]. Journal of Transportation Engineering Part A-Systems, 2020, 146 (11).

[122] SONG C, MA X, ARDIZZONE C, et al. The adverse impact of flight delays on passenger satisfaction: An innovative prediction model utilizing wide & deep learning [J]. Journal of Air Transport Management, 2024, 114.

[123] TIAN Q, HUANG H J, YANG H. Equilibrium properties of the morning peak-period commuting in a many-to-one mass transit system [J]. Transportation Research Part B: Methodological, 2007, 41 (6): 616-631.

[124] AKSU D T, AKYOL U. Transit coordination using integer-ratio headways [J]. IEEE Transactions on Intelligent Transportation Systems, 2014, 15 (4): 1633-1642.

[125] VICENTE L, SAVARD G, JÚDICE J. Descent approaches for quadratic bilevel programming [J]. Journal of Optimization Theory and Applications, 1994, 81: 379-399.

[126] VICKREY W S. Congestion theory and transport investment [J]. The American Economic Review, 1969, 59 (2): 251-260.

[127] XU G, ZHONG L, WU R, et al. Optimize train capacity allocation for the high-speed railway mixed transportation of passenger and freight [J]. Computers & Industrial Engineering, 2022, 174.

[128] YE Y, GUO J, YAN L. A metro freight plan for mixed passenger and freight transportation [J]. Journal of Advanced Transportation, 2022 (45): 1-13.

[129] YE Y, GUO J, YAN L. A mixed decision strategy for freight and passenger transportation in metro systems [J]. Computational Intelligence and Neuroscience, 2021 (4): 1-22.

[130] YIN J, D'ARIANO A, WANG Y, et al. Timetable coordination in a rail transit network with time-dependent passenger demand [J]. European Journal of Operational Research, 2021, 295 (1): 183-202.

[131] YIN Y. Genetic-algorithms-based approach for bilevel programming models [J]. Journal of Transportation Engineering, 2000, 126 (2): 115-120.

[132] YING C S, CHOW A H F, NGUYEN H T M, et al. Multi-agent deep reinforcement learning for adaptive coordinated metro service operations with flexible train composition [J]. Transportation Research Part B: Methodological, 2022, 161: 36-59.

[133] ZHANG C, XIE F, HUANG K, et al. MIP models and a hybrid method for the capacitated air-cargo network planning and scheduling problems [J]. Transportation Research Part E: Logistics and Transportation Review, 2017, 103: 158-173.

[134] ZHANG P, YANG X, WU J, et al. Coupling analysis of passenger and train flows for a large-scale urban rail transit system [J]. Frontiers of Engineering Management, 2023, 10: 250-261.

[135] ZHAO J, QU Q, ZHANG F, et al. Spatio-temporal analysis of passenger travel patterns in massive smart card data [J]. IEEE Transactions on Intelligent Transportation Systems, 2017, 18 (11): 3135-3146.

[136] ZHEN L, GAO J, ZHANG N, et al. A decision model for high-speed railway express systems [J]. Computers & Industrial Engineering, 2023, 177.

[137] ZHENG C, ZHAO X, SHEN J. Research on location optimization of metro-based underground logistics system with Voronoi diagram [J]. IEEE Access, 2020, 8: 34407-34417.

[138] ZHOU H, QI J, YANG L, et al. Joint optimization of train timetabling and rolling stock circulation planning: A novel flexible train composition mode [J]. Transportation Research Part B: Methodological, 2022, 162: 352-385.